To my family

유지혜

《 글로벌 금융 인사들이 강력 추천한 책! 》

'아는 만큼 보인다'라는 격언은 투자시장에서 가장 빛을 발한다. 코로나19라는 이례적인 유행병 발발로 인한 급속한 사회 변화와 지난 40년 동안 경험해 보지 못했던 인플레이션, 냉전 종식 이후 정점을 향해 달리는 지정학적 위험 등으로 2022년의 투자 지형도는 그 어느 때보다 더 직접적인 공부를 '일반 투자자'들에게 요구하고 있다.

장기간 글로벌 애널리스트와 펀드매니저로 일한 저자의 경험과 지혜가 녹아있는 이 책은 혼돈의 증시 상황에 놓인 서학개미들에게 실용적이고 친절한 지침서 역할을 할 것이다. 해외 투자에 첫발을 내딛는 투자자뿐 아니라, 이미 해외주식을 포트폴리오에 담고 있는 투자자들 역시 많은 도움을 받을 수 있을 것이다.

오기석

현 크래프트테크놀로지스 아시아태평양 대표, 전 뱅가드아시아 한국비즈니스 상무

미국주식 투자할 때 필요한 웹사이트와 영어를 꼼꼼하게 정리한 책이다. 독자들은 금융 지식과 영어 지식 모두를 잡는 일석이조의 효과를 누릴 수 있다.

최봉근

현 파운트투자자문리서치 헤드, 전 홍콩시티대학 재무금융학 교수, 시카고대학 경제학 박사

해외투자는 장기 자산배분의 관점에서 선택이 아닌 필수다. 미국주식 투자를 위해 개인투자자도 SEC의 기업 Filing을 직접 열람하는 시대가 도래했다. 이 책은 기본적인 투자 관련 용어는 물론 ETF, SPAC 등 다양한 금융상품 최신 원어들을 담았는데, 이 용어들을 꼭 활용해야 하는 투자 관련 웹사이트를 통해 배울 수 있다. 어떤 미국주식 책보다 유용한 해외 투자 지침서가 될 것이다.

이정호
미래에셋자산운용 아시아태평양 대표

실제 주식시장에서 쓰이는 금융, 투자 용어 대부분이 전문적으로 설명되었는데 신기하게 어렵지 않고 재미있다. 글로벌 증권사에서 오랫동안 활동하고 현재 홍콩 이공대학에서 학생들을 가르치고 있는 저자의 경험이 생생히 녹아들어 일반 투자자들에게 매우 유용한 책이다. 나아가 금융업계에 종사하는 신입사원이나 전공 학생들에게도 추천하고 싶다.

이상규(Donald Lee)
현 Meraki Global Advisors 아시아 대표, 전 크레디트스위스 아시아태평양주식 헤드

이 책 학습 시 참고하세요.

---

1. 미국주식 투자자들이 활용할 수 있는 웹사이트 중 코멘트나 뉴스 중심으로 이루어진 웹사이트는 다루지
   않았습니다. ex) CNBC, Bloomberg, WallStreetBets 등

2. 웹사이트 설명의 대부분은 무료로 제공되는 정보에 한하였습니다.

3. 웹사이트마다 겹치는 단어들이 있습니다. 앞장에서 설명된 단어가 중복되어 나올 경우 단어 뜻만 표시하
   였습니다. 다시 뜻을 확인하고 싶으면 색인을 통해 찾아가세요.

4 영단어의 뜻이 웹사이트에서 따로 정의된 경우, 그것을 따랐습니다.

5. 영단어의 특성상 여러 뜻이 있을 수 있습니다. 이때는 해당 웹사이트 페이지에서 쓰이는 뜻을 기준으로 설
   명하였습니다.

돈 되는 미국주식 정보 어디서, 어떻게 찾을까?

미국주식
필수사이트 읽는 영어

미국주식 필수사이트 읽는 영어
English to Read US Stock Website

초판 발행 · 2022년 6월 9일
초판 2쇄 발행 · 2024년 1월 24일

지은이 · 유지혜
발행인 · 이종원
발행처 · (주)도서출판 길벗
브랜드 · 길벗이지톡
출판사 등록일 · 1990년 12월 24일
주소 · 서울시 마포구 월드컵로 10길 56(서교동)
대표전화 · 02)332-0931 | **팩스** · 02)323-0586
홈페이지 · www.gilbut.co.kr | **이메일** · eztok@gilbut.co.kr

기획 및 책임편집 · 김지영(jiy7409@gilbut.co.kr) | **본문 디자인** · 황애라 | **표지 디자인** · 바이텍스트
제작 · 이준호, 손일순, 이진혁 | **마케팅** · 이수미, 장봉석, 최소영
영업관리 · 심선숙 | **독자지원** · 윤정아, 최희창

교정교열 · 김혜영 | **전산편집** · 기본기획 | **CTP 출력 및 인쇄** · 북토리 | **제본** · 신정문화사

ISBN 979-11-6521-987-1 (03740)
(길벗 도서번호 301117)

ⓒ 유지혜, 2022
정가 18,000원

돈 되는 미국주식 정보 어디서, 어떻게 찾을까?

미국주식
필수사이트 읽는 영어

유지혜 지음

지속 가능한 투자를 하고 있습니까?

개인적으로 존경하는 분 중 올해 나이 95세의 한 홍콩인 투자자분이 있습니다. 여전히 스포츠카를 사랑하고 고급 레스토랑에서 다이닝을 즐기며 아내에게 기념일마다 직접 고른 주얼리를 선물하는 멋쟁이 노신사이십니다. 중국 문화혁명 이전 홍콩으로 내려온 후, 오랜 시간 다양한 회사에서 일하다가 62세의 나이에 퇴직하셨죠. 퇴직금과 그간의 저축금을 바탕으로 투자를 시작하여 30여 년이 지난 현재는 상당한 자산을 보유하고 계세요. 이분이 투자를 막 시작한 시기가 마침 지난 10여년에 버금가는, 미국 주식시장의 황금기로 불리던 1990년대입니다. 미국의 IT 버블에 올라타서 본인의 계좌가 단기간에 불어나는 것을 경험하셨죠. 한데 기뻐하던 것도 잠시, 기나긴 IT버블 폭락장을 맞았고, 하룻밤에 백억원이 넘는 돈을 잃는 날도 있었다고 해요. 그때 연세가 이미 70대였으니 심적으로 많이 부담스러우셨을 거예요. 한데 이분은 오히려 이런 경험을 배움으로 여기셨죠.

> "전에는 그냥 누가 좋다고 하면 샀지.
> 그런데 하락장을 겪은 후 주식 공부를 제대로 하기 시작했어."

사기만 하면 올랐던 시기를 지나 추풍낙엽처럼 주가가 떨어지던 그 시기를 거쳐, 비로소 진짜 주식 공부를 하기 시작하셨다고 회상하십니다. 그리고 그 공부가 루틴으로 자리잡아 지금까지 투자로 이어져오고 있습니다. 뵐 때마다 그 연세에도 최근의 뉴스와 시장 흐름에 밝으신 걸 보고 놀라곤 합니다. 아마도 꾸준한 공부와 투자 습관이야말로 이분이 백 세에 가깝도록 건강을 유지해온 비결이 아닌가 싶어요.

여러분의 투자 루틴을 만드세요

서론이 길었죠? 그래서 이분의 투자 루틴은 무엇일까요? 아주 단순합니다. 상당한 자산가라 프라이빗 뱅커에게 수수료를 주고 맡겨도 되지만 그러지 않고 본인이 직접 리서치한 후 투자를 하십니다. 일단 지난밤 미국 주식시장을 확인하고 뉴스를 보는 것으로 일과를 시작합니다. 그리고 관심 있는 종목을 리서치하시죠. 밤에는 미국 주식시장이 시작되기 전 매수 및 매도 예약 주문 후 잠자리에 듭니다. 중국 분이지만 미국 주식만 하세요. 중국 주식은 공개된 정보Public information 만으로 투자하기

힘들다고 하시면서 미국 주식시장이 열리기 전에 잠들고, 장이 끝난 뒤 아침에 일어나서 또 리서치하시는 루틴이 매일 똑같습니다. 지난 2020년 3월 코로나 사태로 폭락과 폭등이 있었던 시기에 이분께 여쭤봤어요.

"시장이 요동치는데 괜찮으세요?"
"시장은 원래 요동쳐."

거의 한 세기를 사시면서 수많은 변동을 본지라, 이제는 시장이 어떻게 움직이든 감정적으로 크게 영향 받지 않죠.

"주식은 어떻게 고르세요?"
"그냥 뭐, 뉴스 보고 공부하는 거지. 매일 매일."

이분이 매일 들어가신다는 몇 개의 미국 주식 웹사이트는 제가 글로벌 애널리스트로 일하며 주기적으로 들락날락하는 웹사이트와 일치했어요. 이분은 그곳에서 생생한 정보를 얻고, 분석을 하고, 포트폴리오를 관리하십니다. 애널리스트와 소통하는 것도 아니고, 기업 관리자와 소통하는 것도 없이, 오직 웹사이트와 뉴스를 통해 공개된 정보만을 바탕으로 본인의 포트폴리오를 꾸려 오신 거예요. 수십년간 투자를 유지할 수 있었던 본인만의 방식이자 철학이죠.

유튜버가 추천하는 종목을 무작정 따라 사지 마세요

2020년 3월은 역사에 한 획을 그을 시장이었습니다. 코비드19 영향으로 단기간에 주식시장이 폭락과 폭등을 겪었는데, 2022년 상반기에 그때와 버금가는 폭락장이 다시 재연되고 있어요. 3년의 변화무쌍한 시장에서 수익을 거두었든 아니든 분명히 배워야 할 것은 투자는 한 번 기회를 잡아서 끝나는 게 아니라 평생에 걸쳐 지속적으로 이루어져야 한다는 거예요. 2020년 하락 후 반등 장에서 큰돈을 벌었더라도 현명한 투자 판단을 지속하지 못하면 자산을 유지하기 어렵다는 것을 많은 분들이 느끼고 있을 겁니다. 또한 저점 매수 기회를 잡지 못했더라도 본인에게 맞는 지속 가능한 투자를 유지한다면 수년, 수십년 후 자산이 불어나 있는 것을 경험할 수 있습니다. 95세의 개인투자자가 보여준 것처럼요.

그런 점에서 '개인투자자가 지속 가능한 투자 루틴을 만드는 것을 도울 안내서가 없을까?' 하는 고민에서 시작한 책이 바로 이 책입니다. 주식투자의 과정을 세 단계로 나누어 정보수집 → 정보분석 → 정보처리(포트폴리오 운용)로 본다면, 이 책에서는 미국 주식 정보 수집에 필요한 안내를 해드려요. 유튜버를 통해, 지인을 통해 "어떤 종목 또는 ETF가 좋다더라."라는 이야기를 듣고 무지성으로 투자하지 마세요. 그보다는 적어도 그 종목은 어떠한 주가 형태를 보여왔는지, 무슨 사업을 하는지, 밸류에이션은 어떠한지, 애널리스트들은 어떠한 의견을 가지고 있는지, 현재 거시적·미시적 경제 상황은 어떠한지 등의 정보를 종합적으로 수집하고 분석해야 흔들리지 않고 투자할 수 있어요. 개인마다 투자를 감내할 수 있는 위험수용성, 투자수익률, 투자기간, 투자자금, 현금유동성 등이 다르기에 유튜버 등 다른 사람이 흘려주는 정보만으로 투자여부를 판단하는 것은 절대 지속 가능한 투자방법이 아닙니다.

지속 가능한 미국 주식 투자를 위해
웹사이트 활용법과 영단어를 자세히 알려드립니다

이 책에서는 투자 판단을 스스로 할 수 있도록 도와주는 정보를 어디서 어떻게 찾을 수 있는지 구체적으로 알려드립니다. 미국 주식 관련 주요 웹사이트를 소개하고, 웹사이트를 의미 있게 활용하는 방법과 정보를 수집하는 데 알아야 하는 주식, 금융, 경제 관련 영단어를 설명합니다. 미국 주식시장은 세계 1위인 만큼 개인투자자를 위한 정보의 양도 많고 양질의 정보도 다양하게 공개되어 있습니다. 미국 주식정보를 제공하는 수많은 웹사이트가 있는데, 그중 접근성이 좋고 대중적인 웹사이트 9개를 선별하여 필수적으로 알아야 하는 영단어를 설명했습니다. 여기에 소개된 단어들을 안다면 웬만한 미국 주식 관련 웹사이트를 이용하는 데는 큰 어려움이 없을 겁니다.
대부분의 웹사이트는 무료로 제공되지만 고급 정보는 유료인 경우도 있는데, 이 책에서는 무료정보를 다룹니다. 이 책 정도의 정보 분석력과 영단어만 숙지해도 다른 어떤 영어로 된 주식 관련 웹사이트와 콘텐츠를 보더라도 정보를 얻는 데 문제가 없을 거예요.

야후파이낸스, 씨킹알파, 인베스팅닷컴,
미국증권위원회 등의 정보를 적극 활용하세요

이 책의 Chapter 1에서는 가장 접근하기 쉬운 포털사이트인 야후파이낸스finance.yahoo.com의 활용법과 그 속의 영단어를 알아봅니다. 여기서 소개하는 단어들은 미국 주식과 관련하여 가장 기본적으로 쓰이는 단어들로, 미국 주식에 투자한다면 반드시 알아두기를 권장합니다.

Chapter 2에서는 종목 분석의 첫걸음인 재무제표 관련 정보를 미국증권거래소sec.gov에서 찾아보는 방법을 알아보고, 재무제표 관련 영단어를 살펴봅니다. 투자 기업의 재무제표는 필수 분석 요소이니 꼭 확인하고 투자에 임하세요.

Chapter 3에서는 IPO와 SPAC 관련 단어를 알아봅니다. 최근 공모주 열풍이 불면서 투자자들의 IPO에 대한 관심도가 증가했는데, 미국 IPO 정보는 뉴욕증권거래소nyse.com에서 확인할 수 있습니다. 우리나라 개인투자자가 미국 IPO에 투자하는 것이 법적으로 금지되어 있다 보니, SPAC을 통해 IPO에 간접투자를 하는 분들이 있습니다. 이분들을 위해 SPAC 관련 정보 찾기와 영단어도 함께 알아봅니다.

Chapter 4에서는 전문 애널리스트들의 의견을 제공하는 씨킹알파seekingalpha.com를 살펴봅니다. 애널리스트가 내 관심 종목을 어떤 시각으로 바라보는지 살펴볼 수 있는 좋은 웹사이트입니다.

Chapter 5에서는 이티에프닷컴etf.com에서 관심 있는 ETF 정보를 객관적으로 어떻게 읽는지 알아봅니다.

Chapter 6에서는 핀비즈finviz.com 및 인베스팅닷컴investing.com에서 기술 지표 관련 단어를 알아봅니다. 이 두 사이트 역시 미국 개인투자자들이 빈번하게 이용하는 웹사이트로, 그 어떤 사이트보다 방대한 정보를 제공합니다. 대부분의 단어는 앞 챕터에서 설명했으므로 여기서는 기술 지표 관련 단어를 중심으로 설명합니다.

마지막 Chapter 7에서는 경제지표 관련 단어를 인베스팅닷컴을 통해 살펴봅니다. 각종 경제지표를 발표하는 곳이 다 다른데 인베스팅닷컴에서는 이것들을 한데 모아 편하게 볼 수 있습니다.

이 책을 공부한다면 반드시 관심 종목의 정보를 앞서 소개한 웹사이트에서 스스로 찾아보고, 기업보고서도 다운받아 찬찬히 살펴보면서 실전에 적용하길 바랍니다. 기업의 객관적 정보를 바탕으로 스스로 종목을 찾아 투자하는 루틴을 만든다면, 시중에 나온 어떤 미국 주식책보다 여러분의 투자 성과에 도움이 될 것이라고 확신합니다.

마지막으로 편집자 김지영 차장님의 추진력과 김혜영 실장님의 꼼꼼함에 경의와 감사를 표합니다. 그분들이 없었다면 이 책을 끝마칠 수 없었을 것입니다. 여러분의 지속 가능한 성공적인 투자 생활을 응원하며 이만 줄입니다.

유지혜

이 책의 특징

1 미국 주식 투자를 위한 필수사이트 소개 및 정보탐색법

미국 주식 정보 제공 웹사이트 중 가장 활용도 높은 9개를 선별하여 정보탐색법
을 자세히 알려줍니다.

2 웹사이트 전체적 개요를 설명한 동영상 강의 제공

큐알코드를 찍으면, 웹사이트의 전체적인 구성과 활용법을 설명한 저자 동영상
을 바로 볼 수 있습니다.

3. 웹사이트 속 영단어 해석과 설명

웹사이트 화면에 있는 주식, 경제 관련 영단어의 해석을 제공하고, 전문 용어라서 이해가 어려운 부분을 알기 쉽게 설명합니다.

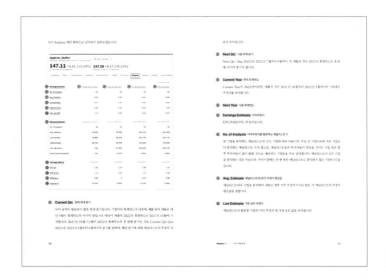

4. 단어 색인 제공

모르는 단어가 나왔을 때 바로바로 찾아볼 수 있도록 알파벳순 색인을 제공합니다.

목차

Chapter 6 | 시그널 분석(기술적 분석): *finviz.com*, *investing.com*

Chapter 7 | 경제지표: *investing.com*

Chapter 1

주식 기본 용어

finance.yahoo.com

▶ 주주지혜님의 설명 영상을
참고하세요.

어떤 주식의 가장 기본적인 정보를 빠르게 알고 싶을 때는 yahoo finance와 같은 포털사이트를 이용합니다. 우리나라의 네이버증권과 비슷하다고 보면 되지요. 개별 기업 정보뿐 아니라 각종 증권 뉴스, 포트폴리오 관리 기능 등도 제공합니다. 물론 포트폴리오 관리는 본인의 증권계좌에서 하지만, yahoo finance와 증권계좌를 연계해서 사용할 수도 있어요. 이 챕터에서는 yahoo finance에서 이용할 수 있는 여러 가지 기능 중에서도 개별 기업 정보와 관련한 기본 단어들을 알아보도록 하겠습니다.

yahoo finance 홈페이지에서 검색창은 맨 위에 있어요. 거기에 찾고자 하는 기업의 종목코드Symbol 또는 Ticker나 회사 이름을 넣습니다. 한국, 중국, 일본 등 주식시장의 상장기업 코드는 보통 숫자로 표기되지만(예: 삼성전자 보통주 005930), 미국이나 유럽, 호주 등은 보통 회사 이름에서 알파벳을 따오기 때문에 몇 번 보다 보면 곧 외울 수 있습니다(예: 애플 AAPL).

모든 포털사이트가 실시간 주가 변동을 알려주지는 않아요. 15분에서 20분 정도 지연된Delay 가격이 표시되는 경우도 많은데, yahoo finance에서는 미국 주식시장의 경우 주가를 실시간Real Time으로 업데이트해 줍니다.

▼ 권장사항 | finance.yahoo.com에 접속하여 화면과 같이 직접 따라 하며 학습해 보세요.

주식 기본 정보

이번 단원에서는 주가 관련, 기업의 펀더멘털 관련 가장 기본적인 정보를 알아볼게요. yahoo finance 에서 기업명 입력 후 나오는 메인 화면 중 Summary, Statistics, Historical Data에 나오는 단어들입니다.

사이트의 자세한 활용법을 알고 싶다면 꼭 주주지혜의 영상을 활용하세요. 아래에서는 기업명을 입력했을 때 나오는 메인 화면의 기초 단어를 다룹니다. 예시는 애플Apple을 검색했을 때 화면입니다(이 책에서는 2022년 2월 기준 전 세계 시총 1위 기업인 애플Apple을 주로 활용하겠습니다).

1 | **Summary** 요약

주가, 시총, PER, 배당 등 해당 주식의 가장 기본적인 정보를 담고 있습니다.

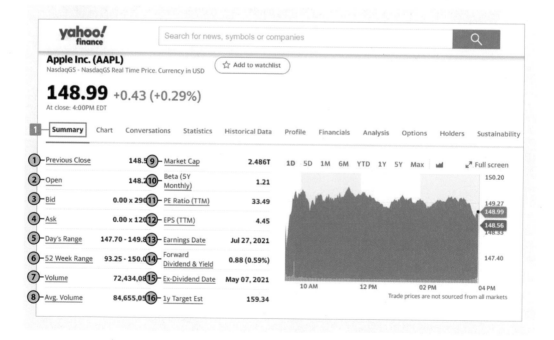

① **Previous Close** 전날 종가

전일 마감시 주가로, Previous Close Price에서 Price가 생략된 거예요. Previous는 '이전의', Close는 '닫다, 종결, 끝나다'라는 뜻이지요. 보통 주식시장은 하루에 일정한 시간만 열려요. 우리나라에서는 아침 9시에서 오후 3시 반까지 열리며 나라마다 다릅니다. 시장이 열릴 때 첫 가격은 Open Price, 시장이 닫힐 때 그날의 마지막 가격은 Close Price입니다.

② **Open** 시초가 = Open Price

당일 정규장이 시작될 때 최초로 형성되는 가격입니다.

③ **Bid** 매수호가 = Bid Price

주식시장은 주식이라는 물건을 사고파는 행위가 일어나는 시장입니다. 시장참여자Market Participants들은 서로 가격을 흥정하죠. 매도자에 의해 매도호가Ask가 형성되고, 매수자에 의해 매수호가Bid가 형성됩니다. Ask Price는 해당 주식에 대해 매도자가 매도할 의향이 있는 가장 낮은 가격이며, Bid Price는 매수자가 지불할 의향이 있는 가장 높은 가격입니다. 매수가격과 매도가격 간의 차이를 Bid-Ask 스프레드라고 합니다. 참고로 이 스프레드는 시장조성자Market Maker들이 가져가는데, 유동성이 풍부한 종목일수록 시장조성자의 위험이 작아지므로 스프레드가 작습니다.

④ **Ask** 매도호가 = Ask Price

⑤ **Day's Range** 일간 주가 변동 범위

예를 들어 Day's Range가 135.87~137.40이라면, 해당 종목의 오늘 현재(혹은 어제) 최고 주가는 137.40달러, 최저 주가는 135.87달러입니다.

⑥ **52 Week Range** 52주 주가 범위

지난 52주간(즉, 대략 지난 1년) 주가의 변동 범위입니다. 52주 최저가52 Week Low에서 52주 최고가52 Week High로 나타냅니다.

⑦ **Volume** 거래량

오늘 현재까지 거래되는 주 식수(혹은 어제 총 거래된 주식 수)입니다. 거래량이 너무 적은 종목은 투자에 더욱 유의해야 하는데요. 거래량이 적으면 몇 개의 호가만으로 주가 조작이 가능하기에 조심해야 합니다. 기관투자자들은 거래량이 적은 종목은 아예 투자 대상에서 제외하는 경우가 많습니다. 매수뿐 아니라 매도 시에도 가격이 왜곡될 가능성이 높고, 일정 지분을 보유하기까지 혹은 매도하기까지 시간이 오래 걸리기 때문이죠.

⑧ Avg. Volume 지난 몇 개월의 일간 거래량 평균

통상 3개월 혹은 1개월의 일간 거래량 평균을 의미합니다. yahoo finance에는 몇 개월 평균인지는 명시되어 있지 않네요. 보통 이 평균값을 보고 해당 주식의 유동성을 파악합니다. 일간 거래량은 일시적인 이유로 급감 혹은 급등할 수 있기 때문에 보통 평균 거래량으로 유동성에 문제가 없는지 판단합니다.

⑨ Market Cap 시가총액

전체 상장주식을 시가로 평가한 총액으로, 상장종목별로 당일 종가에 상장주식 수를 곱하여 산출합니다. 쉽게 말해 주식시장에서 책정한 이 회사의 현재 가치라고 보면 됩니다. 숫자 뒤에 붙는 T, B, M은 각각 Trillion조, Billion십억, Million백만을 뜻합니다. 예를 들어 1.5T는 현재 시가총액이 1.5조 달러(2022년 1월 환율 기준 한화 1,600조 원)라는 뜻입니다.

⑩ Beta (5Y Monthly) 베타(5년 월간)

베타는 주가의 변동성을 측정하는 지표 중 하나인데, 주가의 움직임이 시장 대비 클수록 베타가 커집니다. 5Y Monthly는 주가의 월간 변동성이 지난 5년간 평균 시장지수 대비 어떠했는지를 계산합니다. 이 숫자가 1에 가까울수록 시장지수(미국이라면 보통 S&P500 Index, 혹은 DOW30 Index)와 지난 5년간 비슷한 변동성으로 움직였다는 것이고, 1보다 클수록 변동성이 높고 1보다 작을수록 변동성이 낮음을 뜻합니다. 예를 들어, 2021년 1월 기준 테슬라의 베타는 1.98인 반면, AT&T의 베타는 0.68입니다. 테슬라의 주가 변동성이 텔레콤 기업인 AT&T보다 훨씬 높음을 알 수 있죠.

⑪ PE Ratio (TTM) 기업이익 대비 주가 비율

Price to Earnings Ratio의 약자로 PER이라고도 합니다. 대표적인 밸류에이션Valuation 지표이지요. 주가를 1주당 순이익으로 나눈 것입니다. TTM은 Trailing Twelve Months지난 12개월의 약자인데, 지난 12개월간 기업의 이익을 기준으로 산출한 PER이라는 뜻이에요.

⑫ **EPS (TTM)** 주당순이익

Earnings Per Share의 약자로, 기업이 지난 12개월간TTM 벌어들인 이익이 한 주당 얼마인지를 알려줍니다. 현재 주가를 EPS로 나눈 값이 바로 위의 PER입니다.

⑬ **Earnings Date** 실적 발표 날짜

미국 기업은 분기마다 실적을 발표합니다. 실적은 기업의 장단기 주가에 매우 큰 영향을 미치기 때문에 적극적인 투자자라면 관심종목의 실적 발표 날짜가 언제인지는 반드시 챙겨야 할 항목입니다.

⑭ **Forward Dividend & Yield** 향후 주당 배당금 & 배당수익률

미국 기업은 대부분 분기배당을 지급합니다. 분기실적을 발표할 때 다음 분기 배당금과 배당락 등을 발표하죠. 앞의 예시에서 애플은 이 항목의 수치가 0.88(0.59%)입니다. 한 주당 향후 1년간 0.88달러의 배당금이 지급될 것으로 예상하며, 현재 주가(148.99달러) 대비 향후 배당수익률은 0.59%(0.88/148.99)란 의미입니다.

⑮ **Ex-Dividend Date** 배당락일

배당을 받을 권리가 없어지는 날입니다. 배당이 떨어졌다(떨어질 落)고 해서 배당락일이라고 합니다. 배당기준일 1영업일 이전일입니다. 배당기준일에 주주인 경우에만 해당 분기 배당금을 받을 수 있는데요, 여기서 주의할 점이 있어요. 주식을 보유한다는 것은 공식적으로 주주가 된다는 건데, 주식을 사고 나서 주주명부에 내 이름이 올라가기까지는 이틀이 걸립니다. 2영업일은 일종의 행정처리에 걸리는 시간인데요, 따라서 배당기준일 이틀 전까지는 주식을 갖고 있어야 해요. 배당락일에 주식을 팔아도 그다음 날인 배당기준일에 주주로 기록되어 있기 때문에 여전히 배당금이 나옵니다. 앞의 예시에서 애플의 다음 분기 배당락일은 2021년 5월 7일이므로, 해당 분기에 배당을 받고 싶다면 적어도 1영업일 이전인 5월 6일에는 주식을 매수한 상태여야 합니다.

⑯ **1y Target Est** 1년 목표주가

여기서는 Target Est가 Target Price의 의미로 쓰였습니다. 이 종목을 분석하는 증권사 애널리스트들의 목표주가 평균치입니다.

2 | Statistics 통계

밸류에이션, 재무제표, 배당, 트레이딩과 관련해 가장 기본적인 정보가 나와 있습니다.

Apple Inc. (AAPL)
NasdaqGS - NasdaqGS Real Time Price. Currency in USD

147.11 +4.55 (+3.19%)   **147.28** +0.17 (+0.12%)
At close: 04:00PM EDT   After hours: 07:59PM EDT

Summary | Chart | Conversat **2** | **Statistics** | Historical Data | Profile | Financials | Analysis | Options | Holders | Sustainabilit

Currency in USD

① **Valuation Measures**[4]		⑪ **Trading Information**	
② Market Cap (intraday)	2.37T	⑫ **Stock Price History**	
③ Enterprise Value	2.44T	⑬ Beta (5Y Monthly)	N/A
④ Trailing P/E	23.82	⑭ 52-Week Change [3]	16.50%
⑤ Forward P/E	24.04	⑮ S&P500 52-Week Change [3]	-3.35%
⑥ PEG Ratio (5 yr expected)	2.66	⑯ 52 Week High [3]	182.94
⑦ Price/Sales (ttm)	6.29	⑰ 52 Week Low [3]	122.86
⑧ Price/Book (mrq)	35.18	⑱ 50-Day Moving Average [3]	163.66
⑨ Enterprise Value/Revenue	6.32	⑲ 200-Day Moving Average [3]	159.69
⑩ Enterprise Value/EBITDA	18.35	⑳ **Share Statistics**	
		㉑ Avg Vol (3 month) [3]	95.27M
㉜ **Financial Highlights**		㉒ Avg Vol (10 day) [3]	125.29M
㉝ **Fiscal Year**		㉓ Shares Outstanding [5]	16.19B
㉞ Fiscal Year Ends	Sep 24, 2021	㉔ Implied Shares Outstanding [6]	N/A
㉟ Most Recent Quarter (mrq)	Mar 25, 2022	㉕ Float [8]	16.19B
㊱ **Profitability**		㉖ % Held by Insiders [1]	0.07%
㊲ Profit Margin	26.41%	㉗ % Held by Institutions [1]	59.66%
㊳ Operating Margin (ttm)	30.93%	㉘ Shares Short (Apr 28, 2022) [4]	103.98M
㊴ **Management Effectiveness**		㉙ Short Ratio (Apr 28, 2022) [4]	1.21
㊵ Return on Assets (ttm)	21.69%	㉚ Short % of Float (Apr 28, 2022) [4]	0.64%
㊶ Return on Equity (ttm)	149.27%	㉛ Short % of Shares Outstanding (Apr 28, 2022) [4]	0.64%
㊷ **Income Statement**		Shares Short (prior month Mar 30, 2022) [4]	101.97M
㊸ Revenue (ttm)	386.02B	㊱ **Dividends & Splits**	
㊹ Revenue Per Share (ttm)	23.47	㊲ Forward Annual Dividend Rate [4]	0.92
㊺ Quarterly Revenue Growth (yoy)	8.60%	㊳ Forward Annual Dividend Yield [4]	0.65%

(46) Gross Profit (ttm)	152.84B	(64) Trailing Annual Dividend Rate [3]	0.44
(47) EBITDA	130.63B	(65) Trailing Annual Dividend Yield [3]	0.31%
(48) Net Income Avi to Common (ttm)	101.93B	(66) 5 Year Average Dividend Yield [4]	1.10
(49) Diluted EPS (ttm)	6.14	(67) Payout Ratio [4]	14.31%
(50) Quarterly Earnings Growth (yoy)	5.80%	(68) Dividend Date [3]	May 11, 2022
(51) **Balance Sheet**		(69) Ex-Dividend Date [4]	May 05, 2022
(52) Total Cash (mrq)	51.51B	(70) Last Split Factor [2]	4:1
(53) Total Cash Per Share (mrq)	3.18	(71) Last Split Date [3]	Aug 30, 2020
(54) Total Debt (mrq)	119.98B		
(55) Total Debt/Equity (mrq)	178.02		
(56) Current Ratio (mrq)	0.93		
(57) Book Value Per Share (mrq)	4.16		
(58) **Cash Flow Statement**			
(59) Operating Cash Flow (ttm)	116.43B		
(60) Levered Free Cash Flow (ttm)	83.92B		

① **Valuation Measures** 밸류에이션 지표

기업 가치를 평가하여 적정한 주가를 산정하는 지표들입니다.

② **Market Cap (Intraday)** 시가총액(장중)

실시간 시가총액을 보여줍니다. 시가총액은 간단히 말해 현재 주식시장에서 판단하는 기업의 가치입니다. 발행주식 수와 현재 주가를 곱한 값입니다.

③ **Enterprise Value** 기업가치

줄여서 EV라고 많이 씁니다[최근에는 EV가 Electric Vehicle전기차의 약어로 더 자주 눈에 띄기도 해요]. EV는 시가총액Market Cap과 더불어, 기업가치를 따질 때 가장 기본적으로 많이 쓰이는 지표입니다. 특히 M&A인수합병 시 우선적으로 계산하는 밸류에이션인데, 이론적인 인수가격이라고 보면 됩니다. EV는 시가총액에 기업의 총부채(장기, 단기 부채 포함)를 더한 값입니다(정확히 말하면 여기서 기업이 보유한 현금 및 현금성 자산은 제외합니다). 쉽게 설명하면, 내가 어떤 기업을 인수할 때 그 기업이 현재 안고 있는 부채까지 가져오게 되죠. 따라서 현재 주식시장에서 매기는 기업의 가치, 시가총액에 기업의 총부채를 더한 값이 총인수가격이 됩니다.

④ **Trailing P/E** 과거 주가수익 비율

주가수익 비율PER: Price to Earnings Ratio은 기업이 벌어들이는 순이익 대비 주가 수준을 말합니다. 흔히 기업의 주가 수준이 높다, 낮다를 판단하는 기준으로 쓰이죠. Trailing P/E는 Trailing, 즉 과거 1년간 기업의 주당순이익을 기준으로 한 PER입니다. 미국 기업은 분기별로 실적을 발표하기 때문에 최근 발표한 4분기간의 누적 순이익을 Trailing P/E 계산에 사용합니다.

⑤ **Forward P/E** 미래 주가수익 비율

Forward, 즉 향후 4분기간의 기업 이익 추정치를 기준으로 한 주가수익 비율입니다. Forward EPS를 계산할 때는 애널리스트들이 추정한 기업 이익 추정치의 평균치를 사용합니다. 과거 데이터는 이미 주가에 반영된 상태이기 때문에 Trailing P/E보다는 Forward P/E가 실질적으로 시장에서 가장 많이 쓰이는 PER 지표입니다. 내가 생각하는 기준보다 Forward P/E가 낮다고 판단한다면, 매수하기에 좋은 기회라고 볼 수 있죠.

⑥ **PEG Ratio (5yr expected)** 주가수익성장 비율

PEG는 PER에 성장성의 개념을 추가한 것입니다. PER 개념을 확실히 인지하지 못한 경우, PER이 높으면 주가가 비싸다고 무작정 생각할 수 있는데요, 기업의 성장성에 대한 기대감이 높으면 PER도 높아집니다. PER을 기업이익 성장률로 나눈 PEG는 이러한 PER을 보완하는 지표입니다. PEG가 낮으면 기업의 성장성 대비 PER이 낮은 것으로, 저평가되었다고 볼 수 있습니다. 기업 이익은 연도별로 등락이 클 수 있기 때문에 성장률은 보통 1년보다는 3년 혹은 5년 평균을 기준으로 계산합니다.

⑦ **Price/Sales (ttm)** 주가매출 비율

기업이 최근 발표한 4분기 주당 매출액 대비 현재 주가 비율입니다. 보통 이 지표는 기업의 순이익이 마이너스이거나 작아서 PER 지표가 큰 의미가 없을 때 사용합니다. 바이오기업이나 테크 기업에 많이 이용됩니다.

⑧ **Price/Book (mrq)** 주가순자산 비율

mrq는 Most Recent Quarter의 약자로, 가장 최근 발표된 분기 실적 기반 Book Value per Share주당순자산이 쓰였다는 의미지요. 기업이 현재 가지고 있는 자산 대비 얼마의 가치로 시장에서 거래되고 있는가를 알려주며, PER과 더불어 가장 많이 쓰이는 지표입니다. 특히 Earning이 일

반적인 산업과 다른 은행, 보험 등의 섹터에서는 가장 기본적으로 쓰이는 시장 밸류에이션 지표입니다.

⑨ **Enterprise Value/Revenue** 매출액 대비 기업가치 비율

⑩ **Enterprise Value/EBITDA** 법인세 이자 감가상각비 차감 전 영업이익 대비 기업가치 비율

PER과 비슷한 개념이지만, 기업의 현금창출 능력을 바탕으로 한 밸류에이션 지표입니다. 특히 M&A와 관련하여 가장 기본적으로 쓰입니다.

⑪ **Trading Information** 트레이딩 정보

⑫ **Stock Price History** 과거 주가 관련

⑬ **Beta (5Y Monthly)** 베타(5년 월간)

베타는 주가의 변동성을 측정하는 지표 중 하나인데, 주가의 움직임이 시장 대비 클수록 베타가 커집니다. 5Y Monthly는 주가의 월간 변동성이 지난 5년간 평균 시장지수 대비 어떠했는지를 계산합니다. 이 숫자가 1에 가까울수록 시장지수(미국이라면 보통 S&P500 Index, 혹은 DOW30 Index)와 지난 5년간 비슷한 변동성으로 움직였다는 것이고, 1보다 클수록 변동성이 높고 1보다 작을수록 변동성이 낮음을 뜻합니다. 예를 들어, 2021년 1월 기준 테슬라의 베타는 1.98인 반면, AT&T의 베타는 0.68입니다. 테슬라의 주가 변동성이 텔레콤 기업인 AT&T보다 훨씬 높음을 알 수 있죠.

⑭ **52-Week Change** 지난 52주, 즉 지난 1년간 주가 수익률

⑮ **S&P500 52-Week Change** S&P500 지수의 지난 52주간 수익률

S&P500 지수 수익률을 보여주는 이유는 현재 내가 알아보고자 하는 주식의 지난 1년간 수익률이 시장 대비 어떠했는지 비교하기 위해서입니다. 개별 주식의 움직임에는 그 종목 자체의 움직임 외에 주식 시장 전체의 움직임도 포함되기 때문에 기준으로서 지수 수익률을 보여주는 거죠.

⑯ **52 Week High** 52주 신고가

지난 52주, 즉 1년간 가장 비싸게 거래된 가격

⑰ **52 Week Low** 52주 신저가

지난 52주, 즉 1년간 가장 싸게 거래된 가격

⑱ **50-Day Moving Average** 지난 50일간 주가 이동평균값

일주일에 보통 5일 거래되므로 10주간 이동평균값을 말합니다. 기술지표 중 하나죠. 현재 주가가 지난 50일간의 평균 주가보다 낮은지 높은지 볼 수 있습니다.

⑲ **200-Day Moving Average** 지난 200일간(대략 40주) 주가 이동평균값

⑳ **Share Statistics** 주식 통계

㉑ **Avg Vol (3 months)** 평균 거래량(3개월) = Three Months Average Volume

일간 주식 거래량의 3개월 평균치입니다.

㉒ **Avg Vol (10 day)** 평균 거래량(10일)

㉓ **Shares Outstanding** 발행주식 수

㉔ **Implied Shares Outstanding** 전환사채 등을 반영한 예상 주식 수

㉕ **Float** 유동주식 수

발행주식의 일부분은 시장에서 거래되지 않는데, 그것을 제외하고 거래되는 주식 수를 말합니다.

㉖ **% Held By Insiders** 전체 주식 중 내부자가 소유한 비율

내부자라 함은 보통 기업의 고위급 임원, 혹은 10% 이상 의결권을 가진 사람을 말합니다. 내부자의 거래 내역은 투자자에게 중요한 신호가 되기도 하죠.

㉗ **% Held By Institutions** 기관투자자 비중

기관투자자가 전체 주식에서 어느 정도 비중을 차지하느냐 역시 투자자에게 중요한 정보입니다.

㉘ **Shares Short** 공매도 주식 수

미국은 특히 주식 공매도가 활발한 시장이죠. 공매도란 주가가 하락할 때 생기는 차익금을 노리고, 실제로 갖고 있지 않은 주식을 신용으로 판매하는 것입니다.

㉙ **Short Ratio** 공매도 포지션을 정리하는 데 걸리는 기간

공매도 투자자들이 해당 종목의 공매도 포지션을 정리하는 데 며칠이 걸리는지를 나타냅니다. 공매도 포지션을 정리하는 데 걸리는 평균 시간이라고 보면 됩니다. 공매도 주식 수를 일평균 거래량으로 나눈 값인데, 이 값이 크면 공매도 포지션을 정리하는 데 시간이 오래 걸리고, 이러한 시간이 오래 걸릴수록 주가 하락의 가능성이 높다고 볼 수 있습니다.

㉚ **Short % of Float** 전체 유동주식 수 대비 공매도 비율

이 값이 높으면 해당 주식에 대한 공매도 투자 비율이 높습니다. 우리나라에서 한때 이 값이 높았던 대표적인 기업은 셀트리온이고, 미국에서는 테슬라가 한때 이 값이 높았죠.

㉛ **Short % of Shares Outstanding** 전체 발행주식 수 대비 공매도 비율

㉜ **Financial Highlights** 주요 재무지표

주요 재무지표를 요약한 섹션으로, 가장 기본적으로 쓰이는 비율 지표들이 나열되어 있습니다.

㉝ **Fiscal Year** 회계연도

㉞ **Fiscal Year Ends** 회계연도 말 날짜

기업마다 회계연도가 다르므로 확인하는 게 좋습니다.

㉟ **Most Recent Quarter (mrq)** 최근 분기 말

㊱ **Profitability** 수익성

㊲ **Profit Margin** 매출 대비 이익

Margin이 붙으면 '매출 대비'라고 여기면 돼요. 여기서는 Profit Margin을 매출 대비 순이익Net Income Margin의 의미로 썼습니다.

㉘ **Operating Margin (ttm)** 최근 4분기간(최근 1년간) 매출 대비 영업이익 = OP 마진

㉙ **Management Effectiveness** 경영 효율성

㊵ **Return on Assets (ttm)** 최근 4분기간(최근 1년간) 자산 대비 순이익

흔히 ROA로 줄여서 부르죠. 'A on B'는 'B 대비 A'로 해석하면 됩니다. 분수로 표기하면 'B분의 A', 계산식은 'A 나누기 B', 이렇게 됩니다.

㊶ **Return on Equity (ttm)** 최근 4분기간(최근 1년간) 자본 대비 순이익

보통 ROE로 표기합니다. 가장 기본적이며 많이 쓰이는 수익성 지표입니다.

㊷ **Income Statement** 손익계산서

한 회계 기간에 기업의 모든 비용과 수익을 비교하여 손익의 정도, 즉 기업의 경영성과를 밝히는 계산서입니다.

㊸ **Revenue (ttm)** 최근 4분기간(최근 1년간) 매출액

㊹ **Revenue Per Share (ttm)** 최근 4분기간(최근 1년간) 주당 매출액

㊺ **Quarterly Revenue Growth (yoy)** 분기매출액 연성장률

㊻ **Gross Profit (ttm)** 최근 4분기간(최근 1년간) 매출 총이익

매출액에서 매출원가를 공제한 금액입니다.

㊼ **EBITDA (Earnings before Interest, Taxes, Depreciation and Amortization)**
법인세, 이자, 감가상각비 차감 전 영업이익

㊽ **Net Income Avi to Common (ttm)** 최근 4분기간(최근 1년간) 보통주 순이익

여기서 Avi는 Available의 줄임인데요, Net Income Available to Common Stock(NIAC)은 소득세와 우선주에 할당된 배당금을 제한 후 순수익을 말합니다. 기본 EPS 주당순이익을 구할 때는 NIAC를 발행주식 수로 나눕니다.

㊾ Diluted EPS (ttm) 희석 주당순이익(지난 12개월 EPS 기준)

보통주로 전환이 가능한 모든 권리(스톡옵션, 워런트, 전환사채 등)를 행사하는 경우의 EPS입니다. 이러한 권리에 의해 주식 수가 늘어난 EPS주당순이익는 본래 EPS보다 낮아지겠죠. 이것을 희석 주당순이익Diluted EPS이라고 합니다.

㊿ Quarterly Earnings Growth (yoy) 분기이익 연성장률

최근 분기 이익이 전년 분기 이익 대비 얼마나 변했는지를 보여주는 지표입니다. 계절성을 띠는 산업의 경우 분기별 이익이 시기에 따라 영향을 받습니다. 따라서 전년 동기 대비 성장률을 보는 거죠.

(51) Balance Sheet 대차대조표

특정시점에 기업이 보유하고 있는 자산(경제적 자원)과 부채(경제적 의무), 자본에 대한 정보를 보고하는 양식입니다.

(52) Total Cash (mrq) (가장 최근 분기) 총현금

(53) Total Cash per Share (mrq) (가장 최근 분기) 주당 현금

총현금을 발행주식 수로 나눈 금액입니다.

(54) Total Debt (mrq) (가장 최근 분기) 총부채

(55) Total Debt/Equity (mrq) (가장 최근 분기) 자본 대비 총부채 비율

(56) Current Ratio (mrq) (가장 최근 분기) 유동 비율

유동부채 대비 유동자산 비율입니다. 기업의 재무 건전성을 보는 지표 중에서 가장 많이 쓰이는 것 중 하나죠. 1년 내 현금화할 수 있는 단기부채 대비 1년 내 현금화할 수 있는 단기자산 비율입니다. 이 비율이 낮으면 1년 동안 갚아야 할 단기 부채를 단기자산으로 메울 수 없어서 단기 재무 건전성이 안 좋다고 봅니다.

(57) Book Value per Share (mrq) (가장 최근 분기) 주당순자산가치

1주당 순자산(자산에서 부채를 제외한 금액)이 얼마나 되는지 나타내는 지표입니다. 쉽게 말해 만약 기업을 청산할 경우, 자산을 다 팔고 남은 금액을 주주들에게 나눠줄 때 1주당 가져갈 수 있는 금액입니다.

⑤⑧ **Cash Flow Statement** 현금흐름표

일정 기간 기업의 현금흐름을 나타내는 표로, 기업이 현금을 어디에서 창출했고 어떻게 사용했는지를 보여줍니다.

⑤⑨ **Operating Cash Flow** 영업활동에 의한 현금흐름

Cash from Operating Activity라고도 합니다. 기업의 주요 비즈니스(영업활동)에 의한 현금흐름입니다. 이 외에도 현금흐름표는 투자활동에 의한 현금흐름Cash from Investing Activity, 재무활동에 의한 현금흐름Cash from Financing Activities을 포함합니다.

⑥⓪ **Levered Free Cash Flow** 부채반영 잉여현금흐름

FCFEFree Cash Flow to Equity, 주주잉여현금흐름라고도 합니다. 모든 부채를 갚은 이후 기업에 남아있는 현금 여력, 즉 채권자에 대한 의무를 다한 이후 주주에게 돌아가는 몫입니다.

⑥① **Dividends & Splits** 배당과 주식분할

배당과 주식분할은 주주에게 아주 중요한 사항이죠. 배당은 기업이 주주에게 소유 지분에 따라 이윤을 분배하는 것으로 통상 미국 주식은 배당이 우리나라 기업보다 후한 편입니다.

⑥② **Forward Annual Dividend Rate** 다음 1년간 주당 배당금 추정치

분기배당, 반기배당, 특별배당 등 모든 배당금을 포함한 추정치입니다.

⑥③ **Forward Annual Dividend Yield** 다음 1년간 배당수익률

주당 배당금을 주가로 나눈 값으로, 현재 주가 대비 배당금으로 얻는 수익률이 얼마인지를 계산합니다.

⑥④ **Trailing Annual Dividend Rate** 지난 1년간 주당 배당금

㉖ **Trailing Annual Dividend Yield** 지난 1년간 배당수익률

배당수익률은 한 주 가격 대비 배당금의 비율입니다.

㉖ **5 Year Average Dividend Yield** 5년 평균 배당수익률

현재 배당수익률과 비교하여 현재 가격이 매력적인지 아닌지를 판단하는 하나의 지표로 사용할 수 있습니다.

㉖ **Payout Ratio** 배당성향

Payout은 배당금을 말합니다. 배당성향은 기업이 번 돈(이익) 대비 얼마를 주주들에게 배당금으로 주는지를 알려주는 비율이죠. 이 비율이 높으면 번 돈 대비 배당을 많이 하는 기업입니다.

㉖ **Dividend Date** 배당지급일

보통 Payment Date이라고 하는데요, 실제로 내 계좌에 배당금이 들어오는 날입니다. 배당락일 Ex-Dividend Date로부터 며칠에서 몇 달 후입니다.

㉖ **Ex-Dividend Date** 배당락일

배당금 받을 권리가 없어지는 Ex-Dividend 날입니다. 이날 1영업일 이전까지 주식을 매수한 상태로 있어야 해당 분기 혹은 해당 연도 배당금을 받을 수 있습니다. 따라서 배당락일에 주식을 팔아도 배당금을 받을 수 있지만, 보통 주가가 배당금을 반영하여 하락하는 편입니다.

㉚ **Last Split Factor** 마지막 (가장 최근) 주식분할 비율

Split은 '쪼개다, 분할하다'라는 뜻입니다. 예를 들어 Last Split Factor 비율이 4-for-1이라면, 현재 1주가 주식분할 이후에는 4주가 됩니다.

㉛ **Last Split Date** 마지막 (가장 최근) 주식분할 날짜

3 | Historical Data 과거 자료

주가 및 거래량의 과거 정보를 알 수 있는 곳입니다. Show보여주기 옵션에서 Historical Prices / Dividends only / Stock Splits / Capital Gain 중 선택하여 확인할 수 있습니다.

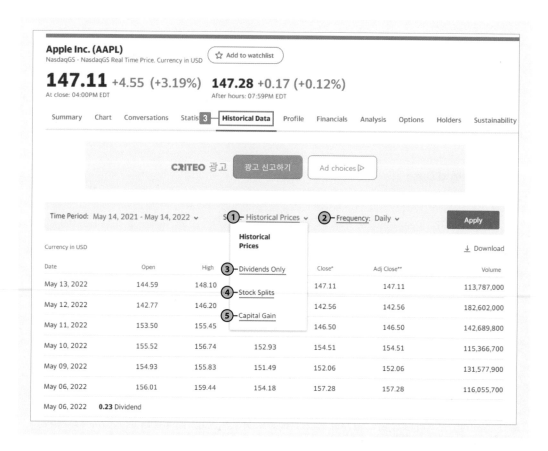

① **Historical Prices** 과거 주가

선택한 빈도(일간Daily, 주간Weekly, 월간Monthly)를 기준으로 일정 기간의 시가Open, 최고가High, 최저가 Low, 종가Close, 조정된 종가Adj. Close를 알려줍니다. 조정된 종가는 주식분할Split과 배당금Dividend 을 반영한 가격입니다.

② **Dividends Only** 주당배당금

해당 분기 배당금을 표시합니다.

③ **Stock Splits** 주식분할

주식분할이 일어난 날 분할 비율을 기록합니다. 애플의 경우 상장 이후 총 5번 주식분할이 있었고, 가장 최근에는 2020년 8월 31일, 4:1의 비율로 주식분할이 있었습니다.

④ **Capital Gain** 자본수익

어떤 펀드들이 일정 기간에 얻은 Capital Gain의 일부를 투자자들에게 분배한 것을 표시합니다.

⑤ **Frequency** 빈도 옵션

과거 주가를 빈도에 따라 보여줍니다. 일간Daily, 주간Weekly, 월간Monthly 등으로 선택하여 확인할 수 있습니다.

4 | Financials 재무

여기서는 주요 재무정보를 요약 제공합니다. 좀 더 상세한 사항은 'Chapter 2 재무제표 관련 용어'에서 다루겠습니다.

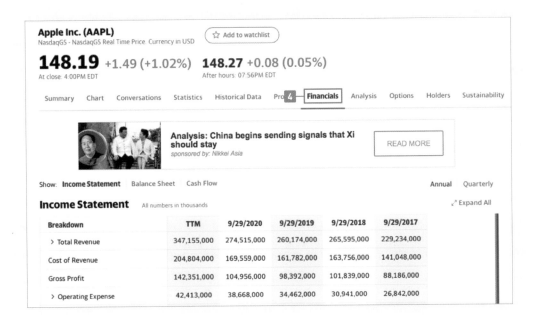

그외 기업정보

1 | Profile 기업 프로필

기업 이름, 주소, 전화번호, 웹사이트, 업종분류, 주요임원, 기업설명, 기업 지배구조 등의 정보를 요약하여 제공합니다.

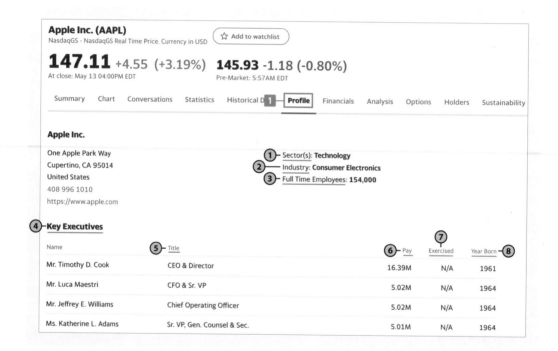

① **Sector** 업종

글로벌 시장에서 업종을 분류하는 기준에는 몇 가지가 있는데, 가장 많이 쓰이는 분류는 *MSCI GICS 혹은 Bloomberg BICS입니다. 가장 상위 Sector업종는 보통 11개로 나뉘고, 그 아래 수십 개 Industry산업로 분류됩니다.

* **MSCI GICS** MSCI 글로벌산업분류기준

Morgan Stanley Capital International Global Industry Classification Standard의 약자입니다. 증시지수 산출 및 관리회사인 MSCI와 S&P Standard & Poor's가 1999년에 공동으로 개발한 글로벌 산업 분류 기준으로, 기업을 보통 *11개 Sector로 나눕니다. 11개 Sector 분류는 아래와 같습니다.

* **11개 Sector**

IT(Information Technology): 정보기술
Financials: 금융
Health Care: 헬스케어
Consumer Discretionary: 임의소비재
Communication Services: 커뮤니케이션 서비스
Industrials: 산업재
Consumer Staples: 필수소비재
Energy: 에너지
Materials: 소재
Utilities: 유틸리티
Real Estate: 부동산(리츠)

② **Industry** 산업

업종의 하위분류로, 좀 더 세분화하여 수십 개로 분류합니다.

③ **Full Time Employees** 정직원 수

④ **Key Executives** 주요 임직원

CEO최고경영책임자, CFO최고재무책임자, CTO최고기술책임자 등 주요 임원의 연봉, 스톡옵션, 나이 등의 정보를 제공합니다. 기관투자자들은 투자를 결정할 때 주요 임원의 정보 역시 중요하게 확인합니다.

⑤ **Title** 직책

⑥ **Pay** 급여

연봉과 보너스를 포함하는 개념입니다.

⑦ **Exercised** 해당 회계연도에 행사된 옵션의 가치

이들은 모두 공시되는 정보입니다.

⑧ **Year Born** 출생연도

---

⑨ **Description**

Apple Inc. designs, manufactures, and markets smartphones, personal computers, tablets, wearables, and accessories worldwide. It also sells various related services. In addition, the company offers iPhone, a line of smartphones; Mac, a line of personal computers; iPad, a line of multi-purpose tablets; AirPods Max, an over-ear wireless headphone; and wearables, home, and accessories comprising AirPods, Apple TV, Apple Watch, Beats products, HomePod, and iPod touch. Further, it provides AppleCare support services; cloud services store services; and operates various platforms, including the App Store that allow customers to discover and download applications and digital content, such as books, music, video, games, and podcasts. Additionally, the company offers various services, such as Apple Arcade, a game subscription service; Apple Music, which offers users a curated listening experience with on-demand radio stations; Apple News+, a subscription news and magazine service; Apple TV+, which offers exclusive original content; Apple Card, a co-branded credit card; and Apple Pay, a cashless payment service, as well as licenses its intellectual property. The company serves consumers, and small and mid-sized businesses; and the education, enterprise, and government markets. It distributes third-party applications for its products through the App Store. The company also sells its products through its retail and online stores, and direct sales force; and third-party cellular network carriers, wholesalers, retailers, and resellers. Apple Inc. was incorporated in 1977 and is headquartered in Cupertino, California.

⑩ **Corporate Governance**

Apple Inc.'s ISS Governance QualityScore as of April 1, 2022 is 2. The pillar scores are Audit: 2; Board: 1; Shareholder Rights: 1; Compensation: 9.

Corporate governance scores courtesy of Institutional Shareholder Services (ISS). Scores indicate decile rank relative to index or region. A decile score of 1 indicates lower governance risk, while a 10 indicates higher governance risk.

---

⑨ **Description** 회사 설명

어떤 사업을 하는 회사인지 한두 문단으로 간략하게 설명합니다.

⑩ **Corporate Governance** 기업 지배구조

기업을 경영하고 통제하는 모든 의사결정시스템, 주주, 경영진뿐 아니라 기업과 관련된 모든 이해관계자들의 입장을 조율 및 감시하는 통제 시스템을 뜻합니다. 투자자에게 지배구조가 투명함을 보여주는 것은 기업 입장에서 매우 중요하죠. yahoo finance에서는 기업들의 ESG 관련 정보를 제공하는 회사인 ISSInstitutional Shareholder Services에서 제공하는 지배구조점수Governance Quality Score와 감사, 이사회, 주주권리, 연봉 등에 대한 지배구조 관련 점수를 간단히 명기합니다.

2 │ Holders 주주

투자자, 주주구성에 관한 정보를 다룹니다. 주요 투자자가 누구인지, 내부자들의 최근 거래내역이 어떠한지 등은 투자자에게 중요한 정보입니다.

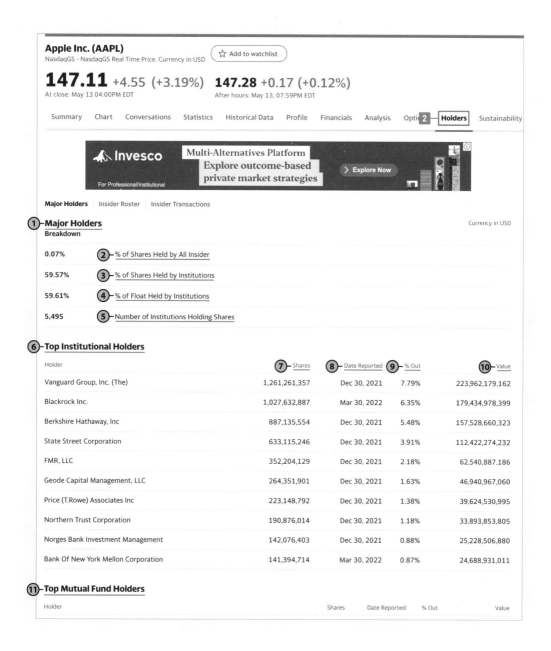

Vanguard Total Stock Market Index Fund	442,938,060	Dec 30, 2021	2.74%	78,652,511,314
Vanguard 500 Index Fund	330,076,468	Dec 30, 2021	2.04%	58,611,678,422
SPDR S&P 500 ETF Trust	165,612,260	Jan 30, 2022	1.02%	28,945,710,802
Fidelity 500 Index Fund	159,613,829	Feb 27, 2022	0.99%	26,355,435,444
Invesco ETF Tr-Invesco QQQ Tr, Series 1 ETF	136,992,894	Jan 30, 2022	0.85%	23,943,618,013
iShares Core S&P 500 ETF	129,642,384	Jan 30, 2022	0.80%	22,658,895,875
Vanguard Growth Index Fund	123,716,176	Dec 30, 2021	0.76%	21,968,281,372
Vanguard Institutional Index Fund-Institutional Index Fund	117,436,912	Dec 30, 2021	0.73%	20,853,272,463
Vanguard Information Technology Index Fund	76,606,032	Feb 27, 2022	0.47%	12,649,188,003
Select Sector SPDR Fund-Technology	67,953,064	Jan 30, 2022	0.42%	11,876,836,525

① **Major Holders** 주요 투자자 비중

② **% of Shares Held By All Insider** 내부자Insider 비중

③ **% of Shares Held By Institutions** 기관투자자Institutions 비중

기관투자자의 비중 역시 투자자들이 중요하게 생각하는 정보입니다. 어떤 종목에 대해 기관투자자의 선호도가 높다면, 이것을 그 종목의 향후 수익률이 좋을 것이라는 하나의 시그널로 인식하는 거죠.

④ **% of Float Held By Institutions** 유동주식 중 기관투자자 비중

⑤ **Number of Institutions Holding Shares** 해당 주식을 보유한 총기관투자자 수

⑥ **Top Institutional Holders** 상위 기관투자자

연금이나 자산운용사 등의 투자자 중 보유비중이 높은 기관투자자들의 이름과 보유주식 수, 정보공개 날짜, 보유비중, 보유가치 등을 알려줍니다.

⑦ **Shares** 보유주식 수

⑧ **Date Reported** 보유 현황 공개 날짜

기관투자자는 보유종목의 현황을 정기적으로 공시해야 합니다.

⑨ **% Out** 상위 기관투자자 보유비중

⑩ **Value** (보유주식의) 가치

⑪ **Top Mutual Fund Holders** 상위 뮤추얼펀드 투자자

기관투자자 중 뮤추얼펀드 투자자가 누구인지 알려주는 자료입니다.

3 │ Sustainability 기업 지속성

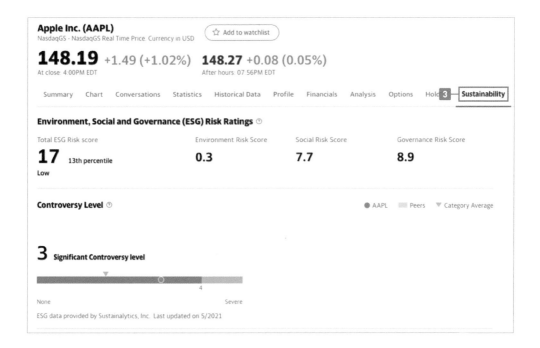

최근 ESGEnvironment, Social, Governance; 환경, 사회, 지배구조 투자가 강조되면서 기업의 지속성에 대한 자료는 적게라도 반드시 포함되는 추세입니다. ESG 점수는 보통 ESG 데이터를 생성하고 제공하는 회사Data Provider에서 책정하는데, 회사마다 기준이 달라서 어떤 숫자에 절대적으로 의존할 수는 없어요. 아직까지 대부분의 ESG 투자는 ESG가 안 좋은 기업을 제거하는 방식Negative Screening 정도로 이루어지고 있습니다. 즉, 기업의 ESG가 기준보다 현저히 안 좋은 경우 ESG 리스크로 인해 향후 기업의 성장이 저해될 가능성이 있으니, 종목을 좀 더 면밀히 따져보고 투자해야 한다고 이해하면 됩니다.

ESG 점수는 제공하는 회사에 따라 그 양식이 다르므로 점수의 기준을 먼저 이해해야 합니다. 현재 yahoo finance에서는 Sustainalytics.Inc에서 제공하는 ESG 점수를 제공하는데요, 해당 기업이 산업 내에서 특정 ESG 이슈에 얼마나 노출되어 있고, 어떻게 관리하고 있는지를 점수화합니다. 전체 점수Total ESG Risk Score가 낮을수록 ESG 이슈에 노출된 위험도가 낮다고 봅니다. 애플의 점수는 17로 낮은Low 편에 속하므로, ESG에 노출된 위험도가 하위 13% 정도로 낮습니다.

Controversy Level사건, 사고 등급 역시 SustaInalytics.Inc에서 제공하는 점수인데요, 기업의 주가, 환경, 기업 영업 등에 안 좋은 영향을 줄 만한 이벤트(사건, 사고)에 해당 기업이 연계되어 있는지를 수치화한 것입니다. 1부터 5까지 수치 중, 수치가 높을수록 충격이 큰 사건에 잠재적으로 많이 연계되어 있다고 보면 됩니다.

애널리스트 자료 관련 용어

앞의 정보들을 통해 이 기업이 어떤 회사인지, 어떤 사업을 하는지, 주식시장에서는 어떤 모습인지, 기본 재무 정보는 어떠한지 등을 알 수 있었습니다. 그렇다면 이제 애널리스트들은 과연 이 종목에 대해 어떻게 판단하고 있는지 그 정보를 살펴봅니다.

1 | Analysis 분석

Apple Inc. (AAPL)
NasdaqGS - NasdaqGS Real Time Price. Currency in USD

☆ Add to watchlist

147.11 +4.55 (+3.19%) **147.28** +0.17 (+0.12%)
At close: May 13 04:00PM EDT   After hours: May 13, 07:59PM EDT

Summary Chart Conversations Statistics Historical Data Profile Financ **1** **Analysis** Options Holders Sustainability

Currency in USD

Earnings Estimate	Current Qtr. (Jun 2022)	Next Qtr. (Sep 2022)	Current Year (2022)	Next Year (2023)
No. of Analysts	29	28	38	38
Avg. Estimate	1.16	1.33	6.15	6.56
Low Estimate	1.07	1.21	5.93	5.91
High Estimate	1.32	1.45	6.63	7.35
Year Ago EPS	1.3	1.24	5.61	6.15
Revenue Estimate	Current Qtr. (Jun 2022)	Next Qtr. (Sep 2022)	Current Year (2022)	Next Year (2023)
No. of Analysts	26	25	36	36

Analysis분석는 애널리스트가 현재 이 종목을 어떻게 분석하고 있는지, 애널리스트 컨센서스 추정치를 제공합니다. 애널리스트는 주식시장에서 기업과 투자자 간 정보의 괴리를 낮춰주는 일종의 다리 역할을 합니다. 투자자에게도, 기업에도, 애널리스트는 아주 중요한 역할을 하죠. 하지만 애널리스트의 수,

시간과 역량이 한정되어 있기 때문에 애널리스트가 상장된 모든 기업을 분석하지는 않습니다. 똑같은 시간과 에너지를 들여 분석했을 때 애널리스트에게 돌아오는 이득이 큰 종목을 분석합니다. 즉, 투자자가 관심을 가지는 종목, 앞으로 투자자가 관심을 가질 종목을 중점적으로 다루죠. 다시 말해, 많은 투자자가 관심을 가지는 종목일수록 더 많은 애널리스트들이 분석합니다. 예를 들어 애플, 테슬라 등 많은 사람들이 관심을 가지는 종목은 수십 명의 애널리스트가 분석하지만, 어떤 종목은 단 한 명의 애널리스트도 분석하지 않습니다. 이러한 애널리스트들의 종목 분석에 대한 통계치를 제공하는 섹션입니다.

이것은 yahoo finance 기업정보 중 Analysis의 오른쪽 화면에 항상 보이는 내용입니다. 현재 해당 기업에 대한 애널리스트들의 의견을 간략하게 보여줍니다. Analysis 섹션에 나오는 단어를 보기에 앞서, 이 내용을 이해하는 법부터 간단히 살펴볼게요.

① **Recommendation Trends** 애널리스트의 견변화

지난 4개월간 해당 종목에 대한 애널리스트들의 월별 의견 변화를 보여줍니다.

② **Strong Buy** 강력 매수, **Buy** 매수, **Hold** 유지, **Underperform** 추천하지않음, **Sell** 매도 이렇게 다섯 단계로 나뉩니다. 이 예시의 경우, 이 종목에 대한 의견을 낸 애널리스트는 5월 40명, 6월 41명, 7월 41명, 8월 38명이었고, 8월에는 추천하지 않음과 매도는 없고, 강력 매수가 11명, 매수가 21명, 유지가 6명이네요. 5월보다 8월에 애널리스트 의견이 더 긍정적으로 변했음을 볼 수 있습니다.

③ **Recommendation Rating** 애널리스트 평균의견

현재 애널리스트 의견의 평균을 표시한 것입니다. 앞선 Recommendation Trends에서도 봤듯이 이 종목의 경우 Buy매수 의견이 월등히 많죠.

④ **Analyst Price Targets** 애널리스트 목표주가

애널리스트가 계산한 향후 12개월 이내 목표주가입니다. 애플의 경우 현재 41명의 애널리스트가 목표주가를 제시했으며, 그 평균Average은 165.87달러입니다. 가장 높은 목표주가는 190달러, 가장 낮은 목표주가는 132달러이고 현재 주가Current는 148.19달러입니다.

⑤ **Upgrades & Downgrades** 의견 상향 & 하향 조정

애널리스트들은 각자 담당하는 종목에 대해 매년 수차례 의견을 내놓는데요, 각 애널리스트가 속한 증권사 혹은 리서치 회사 이름과 의견, 발표한 날짜가 표시됩니다. 예를 들어, Loop Capital이라는 증권사에서는 2021년 7월 28일에 매수Buy 의견을 내놓았는데요, 이것은 이전의 의견을 그대로 유지한Maintains 것입니다. 의견을 상향 조정했다면 Maintains 대신 Upgrades, 하향 조정했다면 Downgrades로 표기하죠. 기타 Reiterates는 Maintains와 같이 이전 의견 유지, Initiated는 해당 종목에 대해 애널리스트가 처음으로 의견을 낸 것을 뜻합니다. Overweight는 Buy와 같이 비중확대, Underweight는 Sell과 같이 비중축소를 의미합니다. 펀드매니저들이 포트폴리오를 운용할 때 기준으로 삼는 벤치마크가 있습니다. 중대형주 위주로 미국 주식을 운용한다면 보통 S&P500 Index가 기준이 되는데, S&P500 Index보다 비중을 적게 할 것인지Underweight, 높게 할 것인지Overweight를 나타내는 말입니다. 이와 비슷하게 벤치마크보다 해당 주식의 주가가 향후 좋을 것인지Outperform, 안 좋을 것인지Underperform로도 표기합니다.

이와 같이 증권사 혹은 리서치 회사에 따라 종목 추천 기준으로 사용하는 단어에 조금씩 차이가 나는데, 대략 아래와 같이 보면 됩니다.

· 비중축소 혹은 매도: Sell, Reduce, Underweight, Underperform
· 중립: Neutral, Hold, Market-Weight, In-Line, Sector Perform, Market Perform
· 비중확대 혹은 매수: Buy, Overweight, Outperform, Long-Term Buy

이 밖에 Trading Buy 혹은 Trading Sell 등 Trading트레이딩이 붙는 경우가 있습니다. 이 경우 뉘앙스는 "(나의 장기적 선호도에 상관없이) 현재 주가가 많이 빠졌으니(올랐으니) 단기적으로 Opportunistic하게(기회를 잡아서) 매수(매도) 추천한다."라고 이해하면 됩니다.

다시 Analysis 메인 화면으로 넘어와서 살펴보겠습니다.

Apple Inc. (AAPL)
NasdaqGS - NasdaqGS Real Time Price. Currency in USD

☆ Add to watchlist

147.11 +4.55 (+3.19%)   **147.28** +0.17 (+0.12%)
At close: May 13 04:00PM EDT   After hours: May 13, 07:59PM EDT

Summary   Chart   Conversations   Statistics   Historical Data   Profile   Financials   **Analysis**   Options   Holders   Sustainability

Currency in USD

(5) Earnings Estimate	(1) Current Qtr. (Jun 2022)	(2) Next Qtr. (Sep 2022)	(3) Current Year (2022)	(4) Next Year (2023)
(6) No. of Analysts	29	28	38	38
(7) Avg. Estimate	1.16	1.33	6.15	6.56
(8) Low Estimate	1.07	1.21	5.93	5.91
(9) High Estimate	1.32	1.45	6.63	7.35
(10) Year Ago EPS	1.3	1.24	5.61	6.15
(11) **Revenue Estimate**	Current Qtr. (Jun 2022)	Next Qtr. (Sep 2022)	Current Year (2022)	Next Year (2023)
No. of Analysts	26	25	36	36
Avg. Estimate	82.61B	90.43B	394.17B	416.05B
Low Estimate	78.88B	86.42B	387.17B	393.77B
High Estimate	88.41B	96.45B	402.65B	435.85B
Year Ago Sales	N/A	83.36B	365.82B	394.17B
Sales Growth (year/est)	N/A	8.50%	7.80%	5.60%
(12) **Earnings History**	6/29/2021	9/29/2021	12/30/2021	3/30/2022
(13) EPS Est.	1.01	1.24	1.89	1.43
(14) EPS Actual	1.3	1.24	2.1	1.52
(15) Difference	0.29	0	0.21	0.09
(16) Surprise %	28.70%	0.00%	11.10%	6.30%

① **Current Qtr.** 현재 회계 분기

아직 실적이 발표되지 않은 현재 분기입니다. 기업마다 회계연도가 다른데, 예를 들어 애플은 매년 9월이 회계연도의 마지막 달입니다. 따라서 애플의 2022년 회계연도는 2021년 10월에 시작합니다. 2021년 10월~12월이 2022년 회계연도의 첫 번째 분기인 거죠. Current Qtr.(Jun 2022)은 2022년 4월부터 6월까지의 분기를 말하며, 해당 분기에 대한 애널리스트의 추정치 자료가 주어집니다.

② **Next Qtr.** 다음 회계 분기

Next Qtr. (Sep 2022)은 2022년 7월부터 9월까지, 즉 애플의 경우 2022년 회계연도의 네 번째, 마지막 분기가 됩니다.

③ **Current Year** 현재 회계연도

Current Year이 2022년이라면, 애플의 경우 2021년 10월부터 2022년 9월까지의 기업재무 추정치를 보여줍니다.

④ **Next Year** 다음 회계연도

⑤ **Earnings Estimate** 이익추정치

EPS(주당순이익) 추정치입니다.

⑥ **No. of Analysts** 이익추정치를 발표하는 애널리스트 수

한 기업을 분석하는 애널리스트의 수는 기업에 따라 다릅니다. 주로 큰 기업이라면 작은 기업보다 분석하는 애널리스트 수가 많고요. 애널리스트들은 투자자들이 관심을 가지는 기업, 혹은 향후 투자자들이 많이 몰릴 것으로 예상되는 기업들을 주로 담당합니다. 애널리스트가 모든 기업을 분석하는 것은 아닙니다. 주식시장에는 단 한 명의 애널리스트도 분석하지 않는 기업이 더 많습니다.

⑦ **Avg. Estimate** 애널리스트의 EPS 추정치 평균값

애널리스트마다 기업을 분석하여 내놓는 향후 이익 추정치가 다르겠죠. 각 애널리스트의 추정치 평균값을 말합니다.

⑧ **Low Estimate** 가장 낮은 추정치

애널리스트가 발표한 기업의 이익 추정치 중 가장 낮은 값을 보여줍니다.

⑨ **High Estimate** 가장 높은 추정치

애널리스트가 발표한 기업의 이익 추정치 중 가장 높은 값입니다. 평균값은 숫자 한두 개로도 크게 왜곡될 가능성이 있죠. 가장 낮은 추정치와 가장 높은 추정치를 통해 이 기업에 대한 애널리스트들의 의견에 어느 정도 차이가 나는지 알 수 있습니다.

⑩ **Year Ago EPS** 전년도 동기 EPS

전년도 대비 올해 기업의 이익성장률을 알기 위해 필요한 정보입니다.

⑪ **Revenue Estimate** 매출 추정치

⑫ **Earnings History** 지난 1년간 분기별 EPS 자료

⑬ **EPS Est** 지난 1년간 분기별 EPS 추정치

⑭ **EPS Actual** 지난 1년간 분기별 실제 EPS

⑮ **Difference** 차이

애널리스트의 EPS 추정치와 실제 EPS 간의 차이를 말합니다.

⑯ **Surprise %** 실적 서프라이즈 %(실제 EPS와 애널리스트 추정치 차이의 백분율값)

예를 들어 EPS 추정치는 0.5인데 실제 발표된 값은 0.6이라면, 그 차이Difference는 0.1(0.6-0.5), 백분율로는 20%(0.1/0.5×100)입니다. 이 값이 플러스로 클수록 기업의 실적이 애널리스트의 추정치보다 좋게 나왔다는 뜻이죠. 이 경우 실적 발표 후 주가가 크게 뛰는 경우가 많아요. 이 값이 마이너스라면, 기업의 실적이 애널리스트 추정치보다 안 좋았다는 뜻입니다. 이 경우 실적 발표 후 주가가 크게 하락하는 경우가 많습니다.

⑰ EPS Trend	Current Qtr. (Jun 2022)	Next Qtr. (Sep 2022)	Current Year (2022)	Next Year (2023)
⑱ Current Estimate	1.16	1.33	6.15	6.56
⑲ 7 Days Ago	1.16	1.33	6.14	6.55
30 Days Ago	1.25	1.37	6.17	6.57
60 Days Ago	1.25	1.37	6.16	6.56

90 Days Ago	1.24	1.37	6.16	6.56
⑳ EPS Revisions	Current Qtr. (Jun 2022)	Next Qtr. (Sep 2022)	Current Year (2022)	Next Year (2023)
㉑ Up Last 7 Days	N/A	N/A	1	2
Up Last 30 Days	1	5	16	22
㉒ Down Last 7 Days	N/A	N/A	N/A	N/A
Down Last 30 Days	N/A	N/A	1	N/A
㉓ Growth Estimates	AAPL	Industry	Sector(s)	S&P 500
Current Qtr.	-10.80%	N/A	N/A	N/A
Next Qtr.	7.30%	N/A	N/A	N/A
Current Year	9.60%	N/A	N/A	N/A
Next Year	6.70%	N/A	N/A	N/A
㉔ Next 5 Years (per annum)	9.91%	N/A	N/A	N/A
㉕ Past 5 Years (per annum)	8.42%	N/A	N/A	N/A

⑰ **EPS Trend** EPS 변화

EPS 추정치가 지난 며칠간 어떻게 변했는지 보여줍니다. 이전에 비해 최근 추정치가 상승했다면, 해당 기업에 대한 애널리스트들의 해당 회계연도 혹은 분기 실적에 대한 기대감이 높아졌음을 의미합니다.

⑱ **Current Estimates** 가장 최근 애널리스트 EPS 평균 추정치

⑲ **t Days Ago** t일 전 애널리스트의 EPS 평균 추정치

현재 추정치 Current Estimates와 비교해서 지난 t일간 추정치가 상승하고 있는지, 하락하고 있는지를 알 수 있죠.

⑳ **EPS Revisions** EPS 조정

EPS 추정치를 상향/하향 조정한 애널리스트 수를 알려줍니다.

㉑ **Up Last t Days** 지난 t일간 EPS 추정치를 상향 조정한 애널리스트 수

하향 조정한 애널리스트에 비해 EPS 추정치를 상향 조정한 애널리스트가 많다면, 이 기업의 이

익 추정치를 애널리스트들이 좀 더 긍정적인 방향으로 조정하고 있다는 뜻입니다.

㉒ **Down Last T Days** 지난 t일간 EPS 추정치를 하향 조정한 애널리스트 수

㉓ **Growth Estimates** 성장률 추정치

해당 기업과 해당 기업이 속한 산업, 업종 그리고 시장 지수의 성장률 추정치를 보여줍니다. 현재 기업의 성장률 추정치가 벤치마크 대비 어떤지 비교할 수 있습니다.

㉔ **Next 5 Years (Per Annum)** 향후 5년간 (연평균)

㉕ **Past 5 Years (Per Annum)** 과거 5년간 (연평균)

기타

1 | Chart 차트

yahoo finance는 기본적인 차트 지표Indicator를 제공합니다. 차트에 관한 상세한 내용은 'Chapter 6 시그널 분석'에서 다루겠습니다.

① **5D** 5일 = Five Days

주식시장이 1주일에 보통 5일 열리므로 1주일을 뜻합니다.

② **1M** 1개월 = One Month

③ **YTD** 지난해 마지막 영업일 종가부터 현재까지, 혹은 어제 종가까지 = Year to Date

　*MTD(Month to Date) 지난달 마지막 영업일 종가부터 현재까지, 혹은 어제 종가까지

　*WTD(Week to Date) 지난주 마지막 영업일 종가부터 현재까지, 혹은 어제 종가까지

④ **5Y** 5년 = Five Years

2 │ Conversations 종목토론 & Options 옵션

Conversations에서는 개인투자자들이 해당 종목에 대해 활발하게 의견을 주고받는 것을 볼 수 있습니다.

Option에서는 콜옵션 및 풋옵션 정보를 제공합니다. 미국 주식시장에서는 개별 종목의 옵션도 활발히 거래됩니다. 옵션은 미래에 특정 자산을 미리 정한 가격으로 사고팔 수 있는 권리를 말합니다. 이때 사는 권리를 콜옵션Calls, 파는 권리를 풋옵션Puts이라고 합니다.

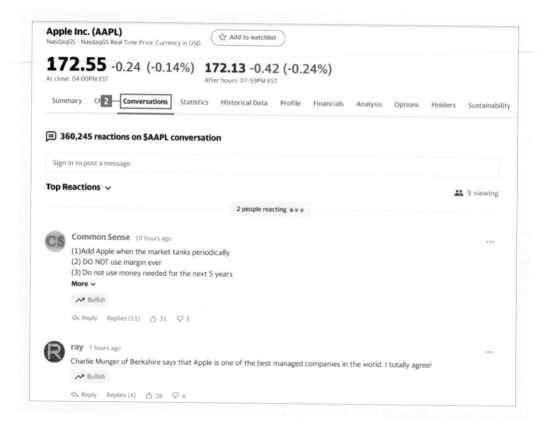

Chapter 2

재무제표 관련 용어

sec.gov

▶ 주주지혜님의 설명 영상을
참고하세요.

주식시장에 상장된 기업은 정기적으로 기업의 재무제표를 공개해야 합니다. 공인된 양식에 따라 작성된 재무제표는 기업이 정한 날짜에 SEC Securities and Exchange Commission, 미국증권거래위원회를 통해 10-K나 10-Q 리포트 안에 포함하여 포스팅되는데, 요즘에는 기업의 홈페이지에도 함께 게시됩니다. yahoo finance와 같은 포털사이트나 증권사를 통해서 해당 정보를 약식으로 얻을 수 있습니다. 이번 챕터에서는 미국증권거래위원회 홈페이지인 sec.gov에서 재무제표와 관련한 웹사이트와 보고서 그리고 영단어를 함께 배워 보겠습니다.

재무제표는 1.손익계산서, 2.재무상태표, 3.자본변동표, 4.현금흐름표의 크게 네 부분으로 이루어져 있습니다. 최근에는 글로벌 비즈니스를 하는 기업이 늘어나면서 5.포괄손익계산서를 포함한 양식이 보편화되었죠. 거기에 표에는 담을 수 없는 상세한 내용을 설명한 6.주석까지 포함하면 총 여섯 부분으로 이루어져 있습니다.

우리나라 재무제표는 대부분 한자어라 단어가 생소하기도 하고 말이 어렵게 느껴지는데, 오히려 영어로 된 것과 함께 보면 이해하기 쉽습니다. 영어로 된 재무제표도 각 항목이 여러 단어로 꽤 길게 나열되어 있지만, 하나하나 읽어보면 그 뜻을 쉽게 이해할 수 있거든요.

여기서는 애플 Apple의 2021 회계연도 기말 재무제표를 기준으로 관련 단어를 살펴보겠습니다.

▼ **권장사항** | sec.gov에 접속하여 화면과 같이 직접 따라 하며 학습해 보세요.

기본 용어 및 기업 재무제표 찾는 곳

SEC Filings SEC에 제출하는 각종 신고서와 보고서와 재무제표는 각 기업의 홈페이지나 *SEC의 *EDGAR 시스템을 통해 확인할 수 있습니다. SEC의 EDGAR 시스템을 통해 공시되는 주요 보고서들은 뒤에서 살펴볼게요.

---

* SEC 미국증권거래위원회

SEC는 US Securities(증권) and Exchange(거래) Commission(위원회), 미국 증권거래위원회의 약자입니다. 주식시장에 관심이 있다면 미국증권거래위원회인 SEC를 한 번쯤은 들어보셨을 텐데요, 증권시장 감독 및 규제기관입니다. 우리나라의 금융감독원이라고 보면 됩니다. 1929년 미국 대공황 사태 이후 투자자 보호를 위해 설립된 독립기구로, 증권시장에 미치는 영향력은 어마어마합니다. 이 기구의 세 가지 주요 목적은 투자자 보호, 시장의 효율성과 공정질서 확립, 자본의 원활한 형성입니다. SEC는 이를 달성하기 위해 가장 기본적으로 모든 상장기업에 대해 분기, 기말 실적 공시를 포함한 각종 정보를 제공할 것을 의무화했습니다.

* EDGAR SEC의 전자식 신고/공시/검색 시스템

위에서 설명한 SEC의 기업공시는 EDGAR(Electronic Data Gathering, Analysis and Retrieval, 자료 수집, 분석, 검색) 전자 시스템을 통해 이루어집니다. 미국 주식시장에 상장된 모든 회사는 의무적으로 이 시스템을 통해 공시자료를 공개해야 합니다. 미국 주식시장 투자자라면 반드시 이용하는 시스템이죠. 우리나라에는 비슷한 것으로 전자공시시스템이 있습니다.

SEC 홈페이지(www.sec.gov)에서 ① Filing문서 정리의 Company Filing Search기업 문서 조회를 클릭한 후, ② Company and Person Lookup기업 및 인물 조회에 원하는 기업명이나 티커Ticker를 넣으면 해당 기업의 공시를 모두 확인할 수 있습니다. 여기서 ③ 각종 Filing보고서을 클릭하면 정보를 볼 수 있죠.

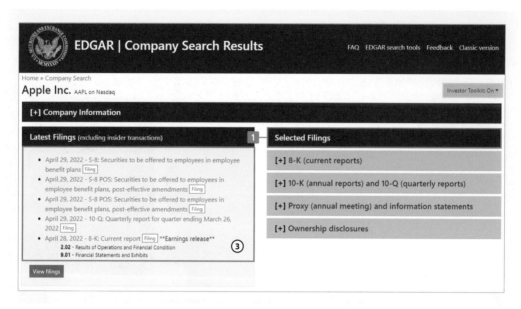

기업 공시 자료, 각종 filing 중 원하는 것을 선택

1 | SEC Filings SEC에 제출하는 각종 신고서와 보고서

① **SEC Form S-1** SEC 제출용 등록 신고서 = Registration Statement(등록신고서)

IPO(Initial Public Offering, 기업공개) 하는 기업은 이 보고서를 SEC에 제출해야 합니다. 기업의 사업개요, 자산현황, 자금 조달 목적, IPO 할 증권 정보[증권의 종류(대부분 보통주Common Stocks) 발행주식 총수, 주당공모가, 예상 IPO 규모 등]를 포함합니다.

② **SEC Form 10-K** SEC 제출용 연례 보고서

SEC에 의해 주식시장에 상장된 기업들이 투자자들을 위해 반드시 작성해야 하는 연간 리포트입니다. 10-K 리포트는 다음 주요 정보를 포함합니다.

· **Business** 비즈니스

기업이 어떻게 돈을 버는지, 기업의 주요 사업과 관련한 전체적인 정보를 제공합니다.

· **Risk Factors** 위험요소

기업이 미래에 어떤 위험에 직면할 가능성이 있는지, 중요도 순서대로 알려줍니다.

· **Selected Financial Data** 특정 재무 정보

지난 5년간 기업의 특정 재무정보를 자세하게 알려줍니다. 기업의 최근 성과에 대한 단기 관점도 함께 제시합니다.

· **Management's Discussion and Analysis** 경영자에 의한 검토와 분석

보통 줄여서 MD&A라고 하는데, 회사의 스토리텔링 섹션이라고 보면 됩니다. 재무제표에 담긴 숫자를 기업 매니지먼트가 해석해 주는 거죠.

· **Financial Statements and Supplementary Data** 재무제표 및 보조자료

이 부분이 바로 기업의 공인 회계자료, 재무제표가 나와있는 부분입니다. 10-K에서 가장 중요한 부분이라고 할 수 있습니다.

③ **SEC Form 10-Q** SEC 제출용 분기 보고서

Form 10-K와 더불어 상장기업이 의무적으로 공시해야 하는 자료입니다. 즉, 기업은 연간 1개의 10-K 보고서, 3개의 10-Q 보고서를 제출해야 합니다. 10-K보다 훨씬 간략한 자료이며 통상 감사를 거치지 않습니다. 보통 10-Q는 이번 분기, 지난 분기, 전년 동기 자료를 보여줍니다.

④ **SEC Form 8-K** SEC 제출용 수시 보고서

SEC는 10-K, 10-Q 등 정기 보고서 이외에 주주에게 중요한 사안에 대해 회사가 공시할 것을 의무화했는데, 그 보고서가 8-K입니다. 기업은 합병Acquisition, 파산Bankruptcy, 이사 사임Resignation of Directors, 회계 연도 변경Changes in the Fiscal Year 등 회사의 중요한 사안을 4일 이내에 8-K를 통해 공시해야 합니다.

⑤ **SEC Form DEF 14A** SEC 제출용 위임 권유서

Definitive Proxy Statement 혹은 간단히 Proxy라고도 하는데요, 주주총회 이전에 회사가 주주들에게 제공해야 하는 정보입니다. 주로 주주총회 때 다뤄야 할 의제들과 관련한 내용으로, 의결절차 관련 제반 정보, 기업 지배구조Corporate Governance, 선출할 이사진 구성원에 대한 정보, 경영진과 임원의 약력 정보, 보수 및 인센티브 등을 포함합니다.

⑥ **SEC Form 3, 4, 5** SEC 제출용 내부자 주식보유 현황/변동 보고서

SEC는 기업 경영진, 이사진 등의 내부자 중 대주주에 대해 보고서 3, 4, 5의 공시를 의무화하고 있습니다. 10% 이상 지분을 가지고 있는 기업 내부자들은 보고서 3(지분규모), 4(지분변경), 5(보고서 4의 연간 요약 보고서)를 제출해야 합니다.

Schedule 13D 스케줄 13D

Beneficial Ownership Report수익주주보고서라고도 하는데요, 의결권의 5% 이상을 취득한 주주에 대한 공시입니다. 주주의 이름 및 약력, 주주와 회사와의 관계, 주주의 과거 범죄연루 여부, 주권 취득의 이유, 주권의 종류, 자금출처 등의 사항을 포함합니다.

⑧ **SEC Form 144** SEC 제출용 내부자 거래보고서

기업 내부자가 지분을 처분하고자 할 때 내는 공시입니다. 주로 IPO 이전에 소유하고 있던 지분을 IPO 후 Lock-Up Period의무보호예치기간가 지나서 처분하는 경우인데요, 시장에 충격을 줄 수 있기 때문에 보고를 의무화했습니다. 이 보고서는 3개월 이내에 5,000주 이상 혹은 $50,000 이상 처분하려고 할 때 의무적으로 제출해야 합니다(이 책에서 $는 미국 달러를 의미합니다).

⑨ **SEC Form 13F** 투자사 보유종목 신고서

기관투자자의 투자보유종목 보고서입니다. 총관리 자산이 $100mn 이상인 기관투자자는 분기별로 SEC에 지분보유 현황을 제출해야 합니다. 기관투자자의 투자는 Smart Money로 인식되어 개인투자자나 작은 규모의 투자자에게 하나의 정보가 됩니다. 이때 분기별로 45일 이내에만 공시하면 되기 때문에 보유종목을 그대로 따라 하기에는 시차가 발생하니 주의하세요.

2 | SEC Form 10-K에서 기업 재무제표 찾기

SEC Form 10-K(SEC 제출용 연례보고서)와 Annual Report(기업의 연간보고서)는 혼용되기도 합니다. 10-K는 SEC가 미국 주식시장 상장 기업에 의무적으로 요구하는 연간보고서이고, Annual Report는 연례 주총이 열릴 때 기업이 주주에게 제공해야 하는 자료입니다. 즉, 비슷한 정보를 담고 있지만 제출 기관이 다른 것이죠. 보통 Annual Report에는 10-K에 비해 그림이나 차트가 많아서 비전문가가 접근하기에 좀 더 좋습니다.

본격적으로 재무제표 관련 용어를 배우기에 앞서, 기초 용어와 재무제표 찾는 법을 애플Apple을 예시로 들어 알아보겠습니다.

일단 Apple USA 공식 홈페이지(www.apple.com)에 접속하여 하단 'About Apple'의 'Investors'를 클릭합니다.

Apple Store	For Business	Apple Values
Find a Store	Apple and Business	Accessibility
Genius Bar	Shop for Business	Education
Today at Apple		Environment
Apple Camp	For Education	Inclusion and Diversity
Apple Store App	Apple and Education	Privacy
Refurbished and Clearance	Shop for K-12	Racial Equity and Justice
Financing	Shop for College	Supplier Responsibility
Apple Trade In		
Order Status	For Healthcare	About Apple
Shopping Help	Apple in Healthcare	Newsroom
	Health on Apple Watch	Apple Leadership
	Health Records on iPhone	Career Opportunities
	For Government	Investors
	Shop for Government	Ethics & Compliance
	Shop for Veterans and Military	Events

아래로 스크롤하다 보면 'Financial Date'에서 4년간의 10-K Report와 10-Q Report를 볼 수 있습니다.

Financial Data

Quarterly Earnings Reports

2021   2020   2019   2018

Q4	Q3	Q2	Q1
Press Release ›	Press Release ›	Press Release ›	Press Release ›
Financial Statements ›	Financial Statements ›	Financial Statements ›	Financial Statements ›
10-K ⊕	10-Q ⊕	10-Q ⊕	10-Q ⊕

또는 SEC 홈페이지의 전자공시 시스템인 EDGAR에 접속해도 10-K Report를 찾을 수 있습니다. www.sec.gov 접속 > Filings > Company Filings > Company and Person Lookup에서 Apple을 입력한 뒤 스페이스바를 한 번 누르면, 이름에 Apple이 들어간 회사명이 쭉 나열됩니다. 맨 위에 있는 Apple Inc.(AAPL)를 클릭하면 아래와 같은 화면이 뜨고 Selected Filing > 10-K를 클릭합니다.

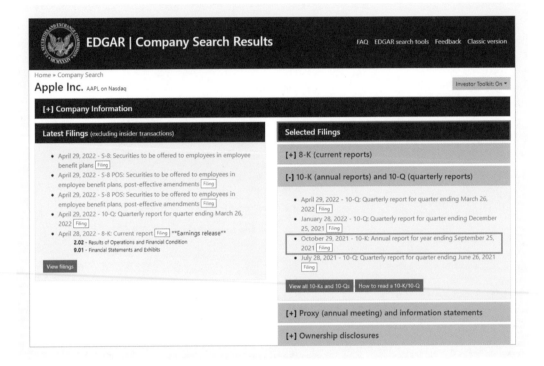

아래로 스크롤하면 다음과 같은 목차 화면을 볼 수 있습니다.

Part I 1부

가장 기본적인 내용과 위험 요소를 다룹니다.

① Item 1. Business 사업설명

기업의 비즈니스에 대해 서술합니다. 기업의 자회사가 있는지, 어떤 시장을 대상으로 하는지뿐만 아니라 최근의 사건들, 경쟁요소, 규제, 노동 문제 등도 있다면 여기에서 설명합니다.

② Item 1A. Risk Factors 위험요인

잠재 위험 요소에 대해서 서술합니다.

③ Item 1B Unresolved Staff Comments SEC 질문에 대한 답변

이전 공시자료에 대해 SEC로부터 받은 의견 중 기업이 아직 답변하지 않은 것에 대한 설명을 적는 란입니다.

④ Item 2. Properties 부동산 소유물

기업의 물적 자산Physical Asset을 적는 곳입니다. 지식재산권이나 무형자산은 포함되지 않습니다.

⑤ Item 3. Legal Proceedings 진행 중인 소송절차

중요한 미결소송이나 진행 중인 다른 법적 소송 절차 등을 공개합니다.

⑥ **Item 4. Mine Safety Disclosures** 광산안전 관련 공시

해당 기업의 경우, 광산안전 위반 또는 기타 규제 문제에 대한 정보를 제공합니다.

Part II 2부

연간 보고서에서 가장 중요한 부분이라고 볼 수 있으며, 재무제표 및 경영진의 논의 등을 포함합니다.

⑦ **Item 5. Market for Registrant's Common Equity, Related Stockholder Matters and Issuer Purchases of Equity Securities** 보통주 주식시장, 주주 관련 사항 및 주식매입 관련 사항

지난 연간 주가에 대한 회사 입장에서의 간략한 설명 및 주식매입 등을 간략히 설명합니다.

⑧ **Item 6. Consolidated Financial Data** 연결재무제표 자료

여기 제시된 10-K에서는 생략되었는데요Reserved, Item 8에서 상세하게 다룰 연결재무제표의 가장 기본 자료를 보여줍니다.

⑨ **Item 7. Management's Discussion and Analysis of Financial Condition and Results of Operations** 재무상태 및 경영성과에 대한 경영진의 논의와 분석

투자자들이 연간보고서에서 재무제표 다음으로 가장 중요하게 보는 부분일 텐데요, 기업의 재무 상태 및 운영결과에 대한 경영진의 논의 및 분석이 들어갑니다. 재무제표의 숫자만으로 알기 어려운 부분에 대한 경영진의 판단과 의견을 상세히 서술합니다.

⑩ **Item 7A. Quantitative and Qualitative Disclosures About Market Risk** 시장위험에 관한 정량적/정성적 분석

기업이 이자율, 환율 등 시장의 위험요소에 대해 어떻게 예상하고 대응할 것인지 설명합니다.

⑪ **Item 8. Financial Statements and Supplementary Data** 재무제표 및 보조자료

10-K에서 가장 중요한 부분입니다. 상세한 내용은 UNIT 2 ~ UNIT 6을 참고하세요.

⑫ **Item 9. Changes in and Disagreements with Accountants on Accounting and Financial Disclosure** 회계 및 재무 공시에 대한 회계사 변경 및 회계사와의 의견 불일치

회계법인에 변화가 있는지, 혹은 회계 및 재무공시와 관련하여 회사와 회계사 간에 의견차가 있는지 서술합니다.

⑬ **Item 9A. Controls and Procedures** 회계 통제 및 절차

회계 투명성을 위해 회사 내부의 회계기록 및 보고와 관련하여 어떻게 통제하고 있는지, 그 절차는 어떠한지를 기술합니다.

⑭ **Item 9B. Other Information** 그 밖의 정보

재무공시 관련 대외적, 내부적으로 Item 9와 Item 9A에 상술하지 않은 내용 중 필요한 사항을 기술합니다. 예를 들면 새로운 법령 중 회사 회계와 관련한 것이 있다면 향후 그 방향에 대하여 기술합니다.

⑮ **Item 9C. Disclosure Regarding Foreign Jurisdictions that Prevent Inspections** SEC의 검사를 허가하지 않는 외국관할구역 관련 공시

다국적 기업의 경우, 미국 SEC의 침해를 허용하지 않는 외국관할구역과 관련한 공시에 대한 사항 중 언급할 것이 있다면 기술합니다.

Part III 3부

기업의 지배구조, 이사회, 임원 보수 등과 관련한 사항을 알려주는 부분입니다. 대부분 Proxy Statement위임 권유서 혹은 DEF-14A에 들어있는 내용이어서 아래와 비슷한 문구로 대체되는 경우가 많습니다.

"The information required by this item is included in the company's 2022 proxy statement to be filed with the SEC within 120 days after September 25, 2021, and is incorporated herein by reference."
"상기 정보는 2021년 9월 25일부터 120일 이내에 공시될 회사의 2022년 위임권유서에 포함될 예정이다."

⑯ **Item 10. Directors, Executive Officers and Corporate Governance**
이사회, 임원 및 기업지배구조 관련 사항

⑰ **Item 11. Executive Compensation** 임원의 보수 – 연봉, 보너스, 스톡옵션 등과 관련한 제반 사항

⑱ **Item 12. Security Ownership of Certain Beneficial Owners and Management and Related Stockholder Matters** 일부 수익주주 및 경영진의 보유 현황 및 주주 관련 사항

⑲ **Item 13. Certain Relationships and Related Transactions, and Director Independence** 임원의 특정 관계 및 관련 거래, 이사회 독립성 관련 사항

⑳ **Item 14. Principal Accountant Fees and Services** 회계감사 보수 및 서비스 관련 사항

Part IV 4부

별첨 및 공시날짜 일람표입니다.

㉑ **Item 15. Exhibit and Financial Statement Schedules** 재무제표 등 공시 날짜 일람표

㉒ **Item 16. Form 10-K Summary** 연간 보고서 요약

생략하는 경우가 많습니다.

이 중 기업 재무제표를 공개한 Item 8을 클릭하면 Financial Statements재무제표에 대한 Index목차가 나오며, 이제부터 본격적으로 재무제표 자료들을 볼 수 있습니다. 다음 Unit부터 재무제표 관련 용어를 자세히 살펴보겠습니다.

Item 8. **Financial Statements and Supplementary Data**

Index to Consolidated Financial Statements
Consolidated Statements of Operations for the years ended September 25, 2021, September 26, 2020 and September 28, 2019
Consolidated Statements of Comprehensive Income for the years ended September 25, 2021, September 26, 2020 and September 28, 2019
Consolidated Balance Sheets as of September 25, 2021 and September 26, 2020
Consolidated Statements of Shareholders' Equity for the years ended September 25, 2021, September 26, 2020 and September 28, 2019
Consolidated Statements of Cash Flows for the years ended September 25, 2021, September 26, 2020 and September 28, 2019

손익계산서

손익계산서는 기업이 해당 회계연도, 혹은 해당 회계분기 동안 얼마를 벌었고 얼마를 지출했는지를 보여주는 표입니다. Consolidated Statements of Operations 또는 Income Statement로도 부릅니다. 앞에 붙은 Consolidated는 '통합된, 연결된'이란 뜻이고, Operation은 '운영'이란 뜻으로 Statements of Operations는 기업이 운영한 내역을 정리한 표라고 보면 됩니다. 그래서 Consolidated Statements of Operations는 '연결재무제표', 즉 지배와 종속 관계에 있는 개별 회사들의 재무제표를 연결해 하나로 만든 것을 뜻합니다.

재무제표는 공인된 양식을 따른다고 했죠? 상단에 1. 기업 이름, 2. 재무제표 종류, 3. 회계기간, 4. 화폐 단위를 기재합니다. 아래의 경우 회계기간은 표시되지 않았는데요, 앞선 10-K 상단 목차에 이미 표시되어 있어서 생략되었습니다.

회계기간은 재무제표에 따라 두 가지로 표시합니다. 1. 기간을 기준으로 일정 회계기간 동안 (예를 들어 For the Years 혹은 For the Quarters, *Ended September 25, 2021 이렇게요. *미국 기업의 기말은 기업마다 다른데 애플은 매년 9월 마지막 주 토요일을 기말로 정해 놓았습니다. 그 기말을 표시한 것입니다. For the Year That Ended on September 25, 2021의 줄임이라고 보면 됩니다) 회계 차이를 기재하는 경우인 손익계산서, 포괄손익계산서, 현금흐름표, 잉여이익계산서(혹은 자본변동표)와 2. 시점을 기준으로 회계기말 시점(As of September 25, 2021) 기업의 재무상태를 기록하는 경우인 재무상태표로 나뉩니다.

Apple Inc.

CONSOLIDATED STATEMENTS OF OPERATIONS

(In millions, except number of shares which are reflected in thousands and per share amounts)

		Years ended				
		September 25, 2021		September 26, 2020		September 28, 2019
① Net sales:						
Products	$	297,392	$	220,747	$	213,883
Services		68,425		53,768		46,291
Total net sales		365,817		274,515		260,174
② Cost of sales:						
Products		192,266		151,286		144,996
Services		20,715		18,273		16,786
Total cost of sales		212,981		169,559		161,782
③ Gross margin		152,836		104,956		98,392

④ Operating expenses:						
Research and development ⑤			21,914		18,752	16,217
⑥ Selling, general and administrative			21,973		19,916	18,245
Total operating expenses			43,887		38,668	34,462
⑦ Operating income			108,949		66,288	63,930
Other income/(expense), net ⑧			258		803	1,807
⑨ Income before provision for income taxes			109,207		67,091	65,737
Provision for income taxes ⑩			14,527		9,680	10,481
⑪ Net income	$		94,680	$	57,411 $	55,256
⑫ Earnings per share:						
Basic	$		5.67	$	3.31 $	2.99
Diluted	$		5.61	$	3.28 $	2.97
⑬ Shares used in computing earnings per share:						
Basic			16,701,272		17,352,119	18,471,336
Diluted			16,864,919		17,528,214	18,595,651

① **Net sales (Sales)** (순)매출액

기업의 매출액은 가장 중요한 회계자료입니다. 기업이 지난 회계기간 동안 얼마를 벌어들였는지를 기록합니다. Sales Refunds and Allowances매출 반품 및 보조금를 Sales매출액에서 제한 금액을 Net Sales(순매출)라고 하는데 Sales Returns and Allowances는 보통 크지 않아서 순매출과 매출을 거의 같게 봅니다. 매출액은 보통 Product Sales상품판매 매출와 Services Sales서비스 매출로 나뉩니다.

② **Cost of sales (COGS: Cost Of Goods Sold)** 매출원가

직역하면 팔린Sold 물건Goods의 비용Cost입니다.

③ **Gross margin** 매출총이익

보통 Gross Profit이라고 하며 매출액에서 매출원가를 공제한 금액입니다. Gross Margin이라고 하면 Gross Profit/Sales, 즉 매출 대비 매출 총이익을 뜻하는데, 이 재무제표에서는 Gross Margin이 Gross Profit의 의미로 쓰였네요.

④ **Operating expenses** 영업비

매출원가에 포함되지 않는 모든 영업비용을 말합니다.

⑤ **Research and development (R&D)** 연구개발비

⑥ **Selling, general and administrative (SG&A)** 판매관리비 = 판관비

⑦ **Operating income** 영업이익

매출액에서 매출원가를 빼고 얻은 매출 총이익에서 일반 관리비와 판매비를 뺀 것을 말합니다. 말 그대로 순수하게 영업을 통해 벌어들인 이익입니다.

⑧ **Other income/expense, net** 기타손익

주로 이자 소득 및 이자지출Interest Income/Expense을 포함합니다.

⑨ **Income before provision for Income taxes** 세전이익

세금을 제하기 전 순이익입니다.

⑩ **Provision for income taxes** 법인세

회사가 당기 지불해야 하는 법인세입니다. 통상 세금은 기업의 의도에 따라 조정이 가능하기에 추정치Provision로 기입합니다.

⑪ **Net income** 순이익

세금, 이자 등 모든 비용을 제한 후 남은 순수익입니다.

⑫ **Earnings per share** 주당순이익

Net income에서 우선주배당금을 제한 후 보통주 유통 주식 수로 나눈 값입니다.

· **Basic EPS** 기본 주당순이익

Diluted EPS(희석 주당순이익)에 대비되는 것으로 EPS라고 하면 기본적으로 Basic EPS라고 보면 됩니다.

· **Diluted EPS** 희석 주당순이익

주식으로 전환가능한 모든 증권(전환우선주, 워런트, 옵션 등)을 주식 수에 더하여 계산한 주당순이익입니다. Basic EPS에 비해 약간 낮지만, 이 둘 간 차이가 큰 경우에는 보통주 전환가능 증권에 실제 EPS가 가려지는 효과가 있으니 눈여겨봐야 합니다. 예를 들어 어떤 기업의 순수익이 5,000만 달러($50m)이고, 총유통보통주식 수가 1,500만 주라고 하면, EPS는 $3.33(= $50,000,000/15,000,000)입니다. 그런데 기업이 임직원에게 보통주 100만 주로 전환가능한 스톡옵션과 300만 보통주로 전환가능한 전환우선주를 주었다고 한다면 Diluted EPS는 $2.63[= $50,000,000/(15,000,000 + 1,000,000 + 3,000,000)]가 됩니다. 스톡옵션과 전환우선주를 반영하면 EPS가 크게 줄어들죠. Diluted EPS는 EPS의 보수적인 지표입니다.

⑬ **Shares used in computing earnings per share** 주당순이익 계산 시 이용한 총주식 수

· **Basic** 기본 주식 수

기본 EPS 산출 시 이용한 총주식 수입니다.

· **Diluted** 희석 주식 수

주식으로 전환 가능한 모든 증권(전환우선주, 워런트, 옵션 등)을 더한 총주식 수입니다.

포괄손익계산서

회계기간 중 실현된 기업 이익은 대부분 손익계산서에 기재되지만 그렇지 못한 손익이 있는데, 그것을 포함한 것이 포괄손익계산서입니다. Consolidated Statements of Comprehensive Income 또는 Comprehensive Income Statement라고 부릅니다. 기업 현금의 환차손익(국제간 거래에서 거래계약 당시의 환율과 거래대금의 결제 시 환율이 달라져서 발생하는 손익), 현금성 자산 손익 등이 여기에 포함됩니다. 즉, 기업의 주요 비즈니스에서 발생하는 것은 아니지만 여전히 손익이 발생하는 부분을 정리한 것이죠.

Apple Inc.

CONSOLIDATED STATEMENTS OF COMPREHENSIVE INCOME
(In millions)

		Years ended	
---	September 25, 2021	September 26, 2020	September 28, 2019
① Net income	$ 94,680	$ 57,411	$ 55,256
Other comprehensive income/(loss): ②			
Change in foreign currency translation, net of tax ③	501	88	(408)
④ Change in unrealized gains/losses on derivative instruments, net of tax:			
Change in fair value of derivative instruments ⑤	32	79	(661)
⑥ Adjustment for net (gains)/losses realized and included in net income	1,003	(1,264)	23
Total change in unrealized gains/losses on derivative instruments ⑦	1,035	(1,185)	(638)
⑧ Change in unrealized gains/losses on marketable debt securities, net of tax:			
Change in fair value of marketable debt securities ⑨	(694)	1,202	3,802
Adjustment for net (gains)/losses realized and included in net income	(273)	(63)	25
Total change in unrealized gains/losses on marketable debt securities ⑩	(967)	1,139	3,827
⑪ Total other comprehensive income/(loss)	569	42	2,781
Total comprehensive income ⑫	$ 95,249	$ 57,453	$ 58,037

① **Net income** 순이익

② **Other comprehensive income/(loss)** 기타포괄손익

포괄이익계산서는 크게 '순이익'과 '기타포괄손익'의 두 부분으로 나뉩니다. 기타포괄손익에는 환차손익, 파생상품의 실현되지 않은 손익, 단기채권의 실현되지 않은 손익 등이 포함됩니다.

③ **Change in foreign currency translation, net of tax** 환차손익, 세후

환전을 통해 생기는 손익의 세후가격입니다.

④ **Change in unrealized gains/losses on derivative instruments, net of tax**
파생상품에 대해 실현되지 않은 이익/손실의 변화, 세후

Derive는 '파생하다'라는 뜻인데요, Derivative Instruments는 그 뜻 그대로 파생상품입니다. 주식Stock, 채권Bond, 상품Commodity 등을 기초자산Underlying Asset으로 하고, 기초자산의 움직임에 따라 수익을 설정하는 상품을 통틀어 파생상품이라고 합니다. 보통 옵션Option, 선물Futures 등을 이용한 금융상품입니다. Change in unrealized gains/losses는 '실현되지 않은 이익/손실의 변화'를 말하는데, 유가증권은 매일 가격이 바뀌죠. 내가 그 가격을 실현하지 않았다면, 현재 내 손에 현금 손익은 발생하지 않습니다. 하지만 바뀌는 가격에 따라 손익 자체는 발생하죠. 그 부분을 실현되지 않은Unrealized 손익이라고 하여 포괄이익에 포함합니다.

⑤ **Change in fair value of derivative instruments** 파생상품의 실질가치 변화

지난 1년간 이 파생상품 가격이 모두 얼마나 변했는지 알려줍니다.

⑥ **Adjustment for net(gains)/losses realized and included in net income**
순이익에 포함된 실현된 손익 조정

Other comprehensive income/loss기타포괄손익에서는 실현되지 않은 손익만 따진다고 했죠? 그러니 실현되어 이미 Net income순수익에 포함된 부분은 빼줘야 합니다. 이익으로 잡힌 부분은 빼주고(그래서 gain에 괄호로 표시한 거예요. 재무제표에서 괄호는 마이너스란 뜻입니다.), 손실로 잡힌 부분은 더해 주는 거죠.

⑦ **Total change in unrealized gains/losses on derivative instruments**
파생상품 미실현손익의 총변동

파생상품의 실질가치 변화Change in fair value of derivative instruments와 순이익에 포함된 실현된 손익 조정Adjustment for net(gains)/losses realized and included in net income분을 합산한 결과입니다.

⑧ **Change in unrealized gains/losses on *marketable debt securities, net of tax**

단기채권의 실현되지 않은 손익변화

*Marketable debt securities 단기채권

공공기관에서 발행한 단기채권(1년 이내)으로, 현금성 자산으로 분류됩니다.

⑨ **Change in fair value of marketable debt securities** 단기채권의 실질가치의 변화

지난 1년간 변한 단기채권의 실질가치입니다.

⑩ **Total change in unrealized gains/losses on marketable debt securities**

단기채권 미실현손익의 총변동

실현되지 않은 손익변화Change in unrealized gains/losses on marketable debt securities, net of tax와 단기채권의 실질가치의 변화Change in fair value of marketable debt securities를 합산한 값입니다.

⑪ **Total other comprehensive income/(loss)** 총기타포괄손익

위의 세 가지 손익(세후 환차손익Change in foreign currency translation, net of tax, 파생상품 미실현손익의 총변동Total change in unrealized gains/losses on derivative instruments, 단기채권 미실현손익의 총변동Total change in unrealized gains/losses on marketable debt securities)을 합한 총액입니다.

⑫ **Total comprehensive income** 총포괄손익

순이익Net income과 기타포괄손익Other comprehensive income을 합한 금액입니다.

재무상태표

재무상태표Statement of Financial Positions는 대차대조표Balance Sheet로도 불립니다. 현재 기업의 재무상태를 자산, 부채, 자본으로 나누어 보여주죠. 특히 대차대조표는 기업의 재무상태의 건전성을 파악하는 데 중요한 정보를 담고 있으므로 반드시 확인해야 합니다.

재무상태표는 크게 자산 부분과 자본 및 부채 부분으로 나뉩니다. 회계의 가장 기본이죠. 총자산은 총자본과 총부채의 합과 같습니다. 이 숫자는 항상 일치해야 합니다. 통상 최근 2-3기(분기 혹은 기말) 자료를 보여줍니다. 상단에 자산Asset, 하단에 자본 및 부채Equity and Liability가 표시됩니다. 자산은 유동자산Current Asset과 비유동자산Non-Current Asset으로 나뉘고, 부채는 부채 기한에 따라 유동부채Current Liability와 비유동부채Non-Current Liability로 나뉩니다.

Apple Inc.
CONSOLIDATED BALANCE SHEETS
(In millions, except number of shares which are reflected in thousands and par value)

	September 25, 2021	September 26, 2020
① **ASSETS:**		
① Current assets:		
② Cash and cash equivalents	$ 34,940	$ 38,016
③ Marketable securities	27,699	52,927
④ Accounts receivable, net	26,278	16,120
⑤ Inventories	6,580	4,061
⑥ Vendor non-trade receivables	25,228	21,325
⑦ Other current assets	14,111	11,264
⑧ Total current assets	134,836	143,713
⑨ Non-current assets:		
⑩ Marketable securities	127,877	100,887
⑪ Property, plant and equipment, net	39,440	36,766
⑫ Other non-current assets	48,849	42,522
Total non-current assets	216,166	180,175
⑬ Total assets	$ 351,002	$ 323,888

1 | ASSETS 자산

회사의 총자산입니다. 돈을 굴리는 회사 이름은 '○○자산운용'인 경우가 많습니다. 자산운용을 영어로 하면 Asset Management입니다. Manage는 '운용하다, 관리하다'라는 뜻이죠.

① **Current assets** 유동자산

현금 혹은 단기간(보통 1년 내)에 현금화할 수 있는 자산을 말합니다.

② **Cash and cash equivalents** 현금 혹은 현금 등가물

현금 등가물Cash Equivalent은 즉시(3개월 이내) 현금화할 수 있는 자산입니다. 보통 기업 어음CP: Commercial Paper이나 단기재정증권Treasury Bills이 포함됩니다. Treasury Bills는 미국 재무성 Treasury에서 발행하는 만기 1년 미만의 국채입니다. T-Bill로도 불리며 보통은 3개월(91일) 만기 입니다. T-Bill은 세계에서 가장 안전한 미국이 망하지 않는 한 부도 위험이 없는 채권이죠. 단기 상품인 데다 유동성이 풍부해서 전 세계 투자자들의 투자대상입니다.

③ **Marketable securities** 유가증권

금융시장에서 거래되는 채권, 주식 등의 금융자산입니다. 대부분 유동자산이지만, 채권이나 펀드 기한에 따라 비유동자산도 있습니다.

④ **Accounts receivable, net** (순) 매출채권

Accounts회계상에 Receivable받아야 할이라고 직역하면 이해가 쉬울 것 같은데요, 아직 완납되지 않은 매출입니다. (아직 받지 않은) 받아야 할 돈인 거죠. 이는 고객이 기업의 제품이나 서비스를 구매했 지만 아직 그 값을 지불하지 않은 것으로, 기업과 고객 간의 거래 융통성을 높이면서 비즈니스를 더 활발하게 하죠. 통상 단기간(90일 이내)에 현금으로 지불해야 하는 돈입니다. Net(순)이 붙은 이 유는 보통 매출채권을 기입할 때, 대손충당금Allowance For Doubtful Accounts을 제하기 때문입니다.

⑤ **Inventories** 재고

기업의 완성제품이나 생산에 필요한 물품 등 기업이 직접 관리하는 물건을 말합니다. 제품의 융 통성을 높이기 위해 기업은 재고를 어느 정도 갖고 있어야 하죠. 적절한 재고 관리는 기업의 중 요한 영업요소입니다. 재고 역시 단기간(1년 이내)에 보통 현금화가 가능하므로 유동자산에 포함됩 니다.

⑥ **Vendor non-trade receivables** 비영업미수금, 매출외채권

통상의 사업 거래처에 의한 매출채권이 아닌 채권을 말합니다. 예를 들어, 보험회사로부터 받아 야 하는 보험금이나 돌려받아야 하는 세금 등이 해당합니다.

⑦ **Other current assets** 다른 유동자산

⑧ **Total current assets** 총유동자산

⑨ **Non-current assets** 비유동자산

단기간 (1년) 이내에 현금화가 어려운 자산을 말합니다.

⑩ **Marketable securities** 유가증권

유가증권 중 앞서 ③에서 언급한 바와 같이 비유동자산에 해당하는 유가증권이 여기에 포함됩니다.

⑪ **Property, plant and equipment** 부동산, 공장, 설비 등 고정자산

⑫ **Other non-current assets** 다른 비유동자산

Long-Lived Asset, Fixed Asset 모두 같은 뜻입니다.

⑬ **Total assets** 총자산

2 | LIABILITIES AND SHAREHOLDERS' EQUITY 자본 및 부채

자, 이번에는 자본 및 부채로 넘어가 볼까요? 먼저 회계의 첫 번째 원칙, "총자산Total Asset은 총부채Total Debt와 총자본Total Equity의 합과 같다."를 염두에 두세요. 기업이 비즈니스에 필요한 자금을 융통하는 방법은 크게 두 가지입니다. 투자자에게 투자를 받거나 채권자에게 빌리는 거죠. 전자를 통해 얻은 자금이 자본Equity, 후자를 통해 얻은 자금이 부채Liability입니다. Liability는 쉽게 말해 빌린 돈이죠. 다른 뜻으로 '법적 책임'이라는 말도 있는데요, 책무를 지니고 있다는 의미에서 '부채'와도 연결됩니다.

① Current liabilities:	**2** LIABILITIES AND SHAREHOLDERS' EQUITY:			
② Accounts payable		$	54,763 $	42,296
Other current liabilities ③			47,493	42,684
④ Deferred revenue			7,612	6,643
Commercial paper ⑤			6,000	4,996
⑥ Term debt			9,613	8,773
Total current liabilities ⑦			125,481	105,392

(8) Non-current liabilities:		
Term debt (9)	109,106	98,667
(10) Other non-current liabilities	53,325	54,490
Total non-current liabilities (11)	162,431	153,157
(12) Total liabilities	287,912	258,549
(13) Commitments and contingencies		
(14) Shareholders' equity:		
(15) Common stock and additional paid-in capital, $0.00001 par value: 50,400,000 shares authorized; 16,426,786 and 16,976,763 shares issued and outstanding, respectively	57,365	50,779
(16) Retained earnings	5,562	14,966
Accumulated other comprehensive income/(loss) (17)	163	(406)
(18) Total shareholders' equity	63,090	65,339
Total liabilities and shareholders' equity (19)	$ 351,002	$ 323,888

① **Current liabilities** 유동부채

유동자산Current Liability과 대비되는 표현으로, 단기간(1년) 이내에 갚아야 하는 부채를 말합니다.

② **Accounts payable** 매입채무

매출채권Accounts Receivables에 대비되는 단어입니다. 직역한다면 Accounts회계상 Payable지불해야 할, 즉 회계상으로 지불해야 할 돈, 아직 지불하지 않은 돈, 물건을 매입했으나 아직 그 값을 지불하지는 않은 돈, 부채를 말합니다. Accounts Receivable과 마찬가지로 단기간에 상대에게 지불해야 하는 돈이라서 유동부채에 해당합니다.

③ **Other current liabilities** 다른 유동부채

④ **Deferred revenue** 이연 수익

Defer는 '지연하다, 연기하다, 뒤로 미루다' 이런 뜻이죠. 돈은 미리 받았지만 매출행위는 아직 일어나지 않은, 지연된Deferred 매출Revenue을 말합니다. 고객에게 돈은 받았지만 그에 대한 서비스나 재화를 아직 제공하지 않았으니, 이것도 역시 부채에 해당하겠죠. 특히 요즘 소프트웨어 회사들SAAS: Software as a Service이 연간 이용권으로 매출을 올리는 경우가 많은데요, 이와 같이 먼저 일년치 이용료를 지불하고 이후 서비스를 제공받는 것 등이 여기에 해당합니다.

⑤ **Commercial paper** 기업 어음

보통 270일 미만의 단기 어음입니다. 담보로 보증된 채권이 아니라서 신용도가 높은 기업만 발행할 수 있습니다.

⑥ **Term debt** (기한이 정해져 있는) 차입금, 부채

이자와 만기일 등이 명시된 차입금을 말합니다. 상환 기한에 따라 단기, 장기 차입금으로 나뉘어 상환기한 1년 미만의 단기차입금은 유동부채로, 장기차입금은 비유동부채로 분류됩니다.

⑦ **Total current liabilities** 총유동부채

⑧ **Non-current liabilities** 비유동부채

단기간에 현금화할 수 없는 부채를 말합니다.

⑨ **Term debt** (기한이 정해져 있는) 차입금

⑩ **Other non-current liabilities** 다른 비유동부채

⑪ **Total non-current liabilities** 총비유동부채

⑫ **Total liabilities** 총부채

⑬ **Commitments and contingencies** 약정 및 우발채무

기업이 주주에게 미리 약정한 것과 향후 일어날 수 있는 사안과 관련한 채무를 기입하는 곳입니다.

⑭ **Shareholders' equity** 자본

부채를 제외한 기업의 자산인데요, 주주로부터 투자받은 금액과 기업의 누적 이익을 합한 값입니다.

⑮ **Common stock and additional paid-in capital, $0.00001 *par value: 50,400,000 *shares authorized; 16,426,786 and 16,976,763 *shares issued and outstanding, respectively** 보통주 및 추가 납입자본금, $0.00001 액면가: 수권주식 50,400,000 주; 발행주식 16,426,786 주, 자사주 제외 발행주식 16,976,763주

'자본금' 부분인데요, 길게 설명이 붙어 있습니다. Common stock보통주, additional추가 paid-in납입 capital자본입니다. additional paid-in capital추가납입자본금은 IPO기업공개상장 시 액면가Par Value를 초과하는 부분의 자본금으로 기업공개상장 때 기업이 추가로 확보하는 현금입니다. 기업의 가치가

높게 평가되면 additional paid-in capital 부분이 커지겠죠.

* Par value 액면가

주식회사 설립 시 한 주당 가치로 주권 표면에 표시합니다. 보통 $1,000 혹은 $100로 시작하는데, 이 기업(애플)의 경우, 그간 주식분할을 많이 해서 한 주당 액면가는 $0.00001입니다.

* Shares authorized 수권주식 수

회사의 정관에 규정된 발행이 가능한 총주식 수입니다. 보통 이 주식이 모두 한꺼번에 발행되지는 않습니다. 회사가 자금을 보충해야 할 때 이 중 일부를 발행합니다.

* Shares issued 발행주식 수

Shares authorized 중 발행되는 주식입니다. 투자자 및 회사 자사주도 포함됩니다.

* Shares outstanding 발행주식 수

Shares Issued에서 자사주가 포함되지 않은 부분입니다. 자사주Treasury Shares는 Shares Outstanding 중에서 회사가 다시 매입한Buy Back 주식을 말하는데요, 따라서 Shares Outstanding은 시중에서 거래되는 총주식 수라고 보면 됩니다.

⑯ **Retained earnings** 잉여이익금

기업이 시작부터 어느 시점(현재 회계시점)까지 쌓아온 누적 순이익금입니다. 주주들에게 지급한 배당금을 제외하고 쌓아온 이익금이죠.

⑰ **Accumulated other comprehensive income/loss** 기타포괄손익누계액

Accumulated누적된 other기타 comprehensive포괄 income/loss손익. 손익계산서에 포함되지 않았지만 기업의 자본 변동에 미친 금액을 모두 포함한 내역인데요, 유가증권 등의 금융상품 평가손익, 해외사업환산손익, 파생상품평가손익 등이 포함됩니다. 특히 글로벌 비즈니스를 하는 기업에서는 이 부분이 무시할 수 없는 수준인 경우가 많아서, 미국 회계기준US GAAP에서는 기타포괄손익 Other Comprehensive Income/Loss을 공시하는 보고서, 즉 포괄이익계산서Comprehensive Income Statement 를 회계보고서 10-K에 포함하도록 하고 있습니다.

⑱ **Total shareholders' equity** 총자본

⑲ **Total liabilities and shareholders' equity** 총부채 및 자본

이 값이 총자산Total Asset과 같아야 합니다.

잉여이익계산서

기업의 잉여이익을 나타냅니다. Retained Earnings Statement라고 불러요. Consolidated Statements of Shareholders' Equity자본변동표로 기재하기도 하고, 자본변동 중 잉여이익부분만 따로 떼어낸 표를 보여주기도 합니다. 애플Apple의 경우 Consolidated Statements of Shareholders' Equity를 보여주는데, 여기서 잉여이익 부분만 발췌해 보겠습니다.

Apple Inc.

CONSOLIDATED STATEMENTS OF SHAREHOLDERS' EQUITY

(In millions, except per share amounts)

	Years ended		
	September 25, 2021	September 26, 2020	September 28, 2019
Total shareholders' equity, beginning balances	$ 65,339	$ 90,488	$ 107,147
Common stock and additional paid-in capital:			
Beginning balances	50,779	45,174	40,201
Common stock issued	1,105	880	781
Common stock withheld related to net share settlement of equity awards	(2,627)	(2,250)	(2,002)
Share-based compensation	8,108	6,975	6,194
Ending balances	57,365	50,779	45,174
① Retained earnings:			
Beginning balances ②	14,966	45,898	70,400
③ Net income	94,680	57,411	55,256
Dividends and dividend equivalents declared ④	(14,431)	(14,087)	(14,129)
⑤ Common stock withheld related to net share settlement of equity awards	(4,151)	(1,604)	(1,029)
Common stock repurchased ⑥	(85,502)	(72,516)	(67,101)
⑦ Cumulative effects of changes in accounting principles	—	(136)	2,501
Ending balances ⑧	5,562	14,966	45,898

① **Retained earnings** 잉여이익금

손익거래에 의해서 발생한 잉여금이나 이익의 사내유보에서 발생하는 잉여금입니다.

② **Beginning balances** 기초 (개시) 잔액

지난 회기 기말 잔액과 같습니다.

③ **Net income** (1년간) 순이익

④ **Dividends and dividend equivalents declared** 배당 및 배당등가물

배당등가물은 현금이나 주식 혹은 그외 배당에 상응하는 기타 자산 등을 수령할 수 있는 권리입니다.

⑤ **Common stock withheld related to net share settlement of equity awards**

스톡옵션을 행사할 때 비용을 제하고 순주식결제Net Share Settlement에 해당하는 부분의 보통주

⑥ **Common stock repurchased** 보통주 자사주 매입

⑦ **Cumulative effects of changes in accounting principles** 회계원칙 변화에 따른 누적 효과

⑧ **Ending balances** 기말 잔액

다음 회기 기초 잔액과 같습니다.

해당 회계연도의 초기 잉여이익금Retained earnings, Beginning Balance에 1년간의 순이익Net Income을 더하고, 배당Dividends and Dividend Equivalents Declared 및 자사주매입Stock Repurchase을 제하면 기말 잉여이익금, 기말 잔액Retained Earnings, Ending Balance이 나오겠죠.

현금흐름표

기업의 현금흐름을 기록한 재무제표Consolidated Statements of Cash Flows = Cash Flow Statement입니다. 현금흐름이 어디서 발생했느냐에 따라 영업현금흐름Operating Cash Flow, 투자현금흐름Investing Cash Flow, 재무현금흐름Financing Cash Flow으로 나뉩니다.

Apple Inc.

CONSOLIDATED STATEMENTS OF CASH FLOWS

(in millions)

	Years ended		
	September 25, 2021	September 26, 2020	September 28, 2019
① Cash, cash equivalents and restricted cash, beginning balances	$ 39,789	$ 50,224	$ 25,913
Operating activities: ②			
③ Net income	94,680	57,411	55,256
Adjustments to reconcile net income to cash generated by operating activities: ④			
⑤ Depreciation and amortization	11,284	11,056	12,547
Share-based compensation expense ⑥	7,906	6,829	6,068
⑦ Deferred income tax benefit	(4,774)	(215)	(340)
Other ⑧	(147)	(97)	(652)
Changes in operating assets and liabilities: ⑨			
⑩ Accounts receivable, net	(10,125)	6,917	245
Inventories ⑪	(2,642)	(127)	(289)
⑫ Vendor non-trade receivables	(3,903)	1,553	2,931
Other current and non-current assets ⑬	(8,042)	(9,588)	873
⑭ Accounts payable	12,326	(4,062)	(1,923)
Deferred revenue ⑮	1,676	2,081	(625)
⑯ Other current and non-current liabilities	5,799	8,916	(4,700)
Cash generated by operating activities ⑰	104,038	80,674	69,391

· **Operating Cash Flow** 영업활동에 의한 현금 유입과 유출

영업현금유출은 영업을 하기 위해 쓴 현금의 합계로, 판공비 지출, 대출이자, 법인세 등이 있어요. 이는 투자활동이나 재무활동을 위해 쓴 현금과 구분됩니다. 한편, 영업현금유입에는 매출, 이익, 예금이자, 배당수입 등이 있습니다.

· **Investing Cash Flow** 기업의 투자활동에 의한 현금 유입과 유출

토지나 유가증권의 매각 시 투자현금유입이 발생하고 유가증권이나 토지 매입, 예금 예치 등에 의해 투자현금유출이 발생합니다.

· **Financing Cash Flow** 재무활동에 의한 현금 유입과 유출

재무현금유입과 재무현금유출로 나뉘어요. 재무현금유입에는 단기차입금, 사채, 증자 등이 속하고,

단기차입금과 사채의 상환 등으로 현금유출이 발생합니다.

먼저 영업활동에 의한 현금흐름Operating Cash Flow 부분입니다.

① **Cash, cash equivalents and restricted cash, beginning balances**

현금, 현금성 자산 및 대출과 관련된 보증금, 전기 이월 잔액

② **Operating activities** 영업활동

③ **Net Income** 순이익

④ **Adjustments to reconcile net Income to cash generated by operating activities** 순이익에 영업활동을 통해 실제 발생한 현금을 조정해 주는 항목

기업의 영업활동과 관련된 현금흐름을 기재합니다. 손익계산서의 순이익에서 시작하여 손익계산서에 손익으로 계산되었으나, 실제로는 현금거래로 발생하지 않은 항목을 조정하여 최종 계산합니다.

⑤ **Depreciation and amortization** 감가상각

공장, 설비와 같은 기업의 자산은 시간이 지날수록 그 가치가 삭감됩니다. 이러한 가치 하락을 매년 비용으로 잡아서 회계처리를 하는데요, 이것은 실제 현금으로 지출된 비용이 아닙니다. 회계상 발생한 비용이므로 현금흐름에는 이 값만큼 다시 더해야 합니다.

⑥ **Share-based compensation expense** 주식으로 지급된 입금

주식으로 지급된 입금은 현금흐름과 관계가 없습니다. 그러나 비용처리는 되었기 때문에 역시 영업현금흐름에 더해야 합니다.

⑦ **Deferred Income tax benefit** 지연소득세

기업이 미리 지급한 세금을 조정해 주는 것입니다. 이는 실제로 받은 Tax Benefit이 아니기 때문에 영업현금 흐름을 계산할 때는 공제해야 합니다.

⑧ **Other** 기타

⑨ **Changes in operating assets and liabilities** 영업자산 및 부채 변화

아래 항목들은 실제로 현금이 왔다갔다한 것은 아니지만 Net income_{순이익} 계산 시 비용 및 자산으로 처리된 부분입니다. 그 부분들을 반대로 전환합니다. 즉, 자산의 변화는 순수익 계산에서 (+)로 계산된 부분이니 현금의 이동이 일어나지 않았던 자산의 변화에 대해서는 (–)로 전환하고, 부채의 변화는 순수익 계산에서 (–)로 계산된 부분이니 현금의 이동이 일어나지 않았던 부채의 변화에 대해서는 (+)로 전환합니다.

자산 부분

⑩ **Accounts receivable, net** 순매출채권(미수금)

매출채권은 현금을 받지는 않았으나 매출을 일으켜서 순수익을 증가시킨 부분입니다. 이 부분은 영업현금흐름 계산 시 빼줍니다.

⑪ **Inventories** 재고

⑫ **Vendor non-trade receivables** 비영업미수금

⑬ **Other current and non-current assets** 이외 장단기 자산

부채 부분

⑭ **Accounts payable** 매입채무

⑮ **Deferred revenue** 지연매출

⑯ **Other current and non-current liabilities** 이외 장단기 부채

⑰ **Cash generated by operating activities** 영업활동에 의한 현금흐름

다음은 투자활동에 의한 현금흐름_{Investing Cash Flow} 부분입니다.

⑱ Investing activities:			
Purchases of marketable securities ⑲	(109,558)	(114,938)	(39,630)
⑳ Proceeds from maturities of marketable securities	59,023	69,918	40,102
Proceeds from sales of marketable securities ㉑	47,460	50,473	56,988
㉒ Payments for acquisition of property, plant and equipment	(11,085)	(7,309)	(10,495)
Payments made in connection with business acquisitions, net ㉓	(33)	(1,524)	(624)
㉔ Purchases of non-marketable securities	(131)	(210)	(1,001)
Proceeds from non-marketable securities ㉕	387	92	1,634
㉖ Other	(608)	(791)	(1,078)
Cash generated by/(used in) investing activities ㉗	(14,545)	(4,289)	45,896

⑱ **Investing activities** 투자현금흐름 = Investing Cash Flow

기업의 모든 투자활동에 따라 발생한 현금흐름을 기록합니다. 영업현금흐름이 통상 (+)여야 기업이 비즈니스를 통해 현금이익을 얻고 있다고 여겨 긍정적으로 보지만, 투자현금흐름의 경우, (-)여야 기업이 투자를 활발히 하고 있다고 여겨 긍정적으로 봅니다.

⑲ **Purchases of marketable securities** 증권 매수금

매수했으니 현금이 나갔겠죠? (-)로 기입합니다.

⑳ **Proceeds from maturities of marketable securities** 단기채권만기대금

채권만기로 현금을 받았으니 (+)로 기입합니다.

㉑ **Proceeds from sales of marketable securities** 증권매도대금

㉒ **Payments for acquisition of property, plant and equipment**
부동산, 공장, 설비매입지불금

㉓ **Payments made in connection with business acquisitions, net**
기업인수 관련 자금지급금

㉔ **Purchases of non-marketable securities** 비유가증권매입금

㉕ **Proceeds from non-marketable securities** 비유가증권매도대금

㉖ **Other** 기타

㉗ **Cash generated by/(used in) Investing activities** 투자활동에 의한 현금흐름

다음은 재무활동에 의한 현금흐름Financing Cash Flow 부분입니다.

㉘ Financing activities:				
Proceeds from issuance of common stock ㉙		1,105	880	781
㉚ Payments for taxes related to net share settlement of equity awards		(6,556)	(3,634)	(2,817)
Payments for dividends and dividend equivalents ㉛		(14,467)	(14,081)	(14,119)
㉜ Repurchases of common stock		(85,971)	(72,358)	(66,897)
Proceeds from issuance of term debt, net ㉝		20,393	16,091	6,963
㉞ Repayments of term debt		(8,750)	(12,629)	(8,805)
Proceeds from/(Repayments of) commercial paper, net ㉟		1,022	(963)	(5,977)
㊱ Other		(129)	(126)	(105)
Cash used in financing activities ㊲		(93,353)	(86,820)	(90,976)
㊳ Increase/(Decrease) in cash, cash equivalents and restricted cash		(3,860)	(10,435)	24,311
Cash, cash equivalents and restricted cash, ending balances ㊴	$	35,929	$ 39,789	$ 50,224
㊵ Supplemental cash flow disclosure:				
Cash paid for income taxes, net ㊶	$	25,385	$ 9,501	$ 15,263
㊷ Cash paid for interest	$	2,687	$ 3,002	$ 3,423

㉘ **Financing activities** 재무현금흐름 = Financing Cash Flow

기업의 증자, 배당지급, 채권, 어음 발행 등 해당 기간에 있었던 기업의 모든 재무활동과 관련한 현금흐름을 기록합니다.

㉙ **Proceeds from issuance of common stock** 보통주 발행대금

㉚ **Payments for taxes related to net share settlement of equity awards**
순주식결제 관련 세금지급금

㉛ **Payments for dividends and dividend equivalents** 배당 및 배당증가물 지급금

㉜ **Repurchases of common stock** 보통주 자사주매입

㉝ **Proceeds from issuance of term debt, net** 단기채권발행대금

㉞ **Repayments of term debt** 단기채권상환금

㉟ **Proceeds from/(repayments of) commercial paper, net** 기업어음 순대금/(상환금)

㊱ **Other** 기타

㊲ **Cash used in financing activities** 투자활동에 사용된 현금

㊳ Increase/(Decrease) in cash, cash equivalents and *restricted cash

현금 및 현금 등가물, 구속예금 증가/(감소)분

*restricted cash 구속예금

  사용목적이 정해져 있는 현금으로, 보통의 현금과 달리 기업이 바로 아무 때나 쓸 수 있는 현금이 아닙니다. Note에 따로 명시하며, 보통 채무담보금Loan Collateral이나 자본지출Capex로 이용합니다.

㊴ Cash, cash equivalents and restricted cash, ending balances

현금, 현금 등가물 및 구속예금 기말잔액

㊵ Supplemental cash flow disclosure 추가 현금흐름 내용

㊶ Cash paid for income taxes, net 소득세로 지출된 현금

㊷ Cash paid for interest 이자로 지출된 현금

ETF 관련 용어

etf.com

▶ 주주지혜님의 설명 영상을
참고하세요.

ETF는 21세기 자본시장의 가장 혁신적인 상품이라고 할 수 있습니다. ETF는 Exchange-Traded Fund의 약자로, *인덱스 펀드를 거래소에 상장하며 투자자들이 주식처럼 편리하게 거래할 수 있도록 만든 상품입니다. 보통 '펀드'를 거래할 때는 증권사나 은행 등 펀드 판매처를 통해 펀드 매매 계약을 맺고 거래를 하죠. ETF는 이와 달리 주식시장에 상장되어 있어서 주식계좌만 오픈되어 있다면 주식처럼 간편하고 즉각적으로 거래할 수 있습니다. 또한 ETF 상품 안에는 여러 종목이 담겨 있기 때문에 개별 종목 투자보다 안정적이어서 인기가 많습니다. 시장지수를 추종하는 ETF 외에도 배당주나 가치주 등 저마다 다른 테마를 추종하는 다양한 ETF가 있습니다.

미국 주식시장은 ETF 역시 가장 발달한 시장입니다. 인덱스 추종 ETF부터 다양한 테마의 ETF들이 엄청나게 많죠. 이번 챕터에서는 ETF만을 중점적으로 다루는 웹사이트인 etf. com을 중심으로 관련 영단어를 살펴보겠습니다.

*인덱스 펀드: KOSPI 200과 같은 시장 지수의 수익률을 그대로 쫓아가도록 구성한 펀드

▼ 권장사항 | etf.com에 접속하여 화면과 같이 직접 따라 하며 학습해 보세요.

ETF 기본 정보

etf.com 기본 페이지 상단 검색창에 원하는 ETF 코드를 넣으면 해당 ETF에 관한 정보를 한눈에 볼 수 있습니다. 여기서는 미국에서 상장된 ETF 중 가장 규모가 큰 SPY를 예로 들어 설명할게요. SPY 는 S&P500 지수를 추종하는 대표적인 미국 ETF입니다.

펀드는 크게 Passive Fund패시브 펀드와 Active Fund액티브 펀드로 나눌 수 있는데요. 패시브 펀드는 Index Fund인덱스 펀드처럼 Index시장지수를 그대로 복제하여 운용하는 펀드입니다. 반면에 액티브 펀드는 펀드매니저들이 종목 선정과 포트폴리오 비중, 개별 종목 투자기간 등을 정하여 적극적으로 운용하는 펀드입니다. 패시브 펀드는 펀드매니저의 역할이 상대적으로 작다 보니 운용보수가 액티브 펀드보다 훨씬 낮은 데다가, 장기적으로 액티브 펀드의 성과가 패시브 성과를 이기기 어렵다는 통계적 사실에 근거하여 선풍적인 인기를 끌고 있습니다. 대부분의 ETF는 패시브 ETF입니다.

1 | Overview 개요

일단 etf.com에 접속하여 Search 창에 *SPY를 쳐서 검색해 보세요. 검색 결과 화면에서 'SPY ETF Report: Ratings, Analysis, Quotes, Holdings'를 클릭하면 아래의 화면을 볼 수 있습니다.

> *** SPY ETF**
> S&P500 지수를 추종하는 대표적인 상품으로 세계에서 세 번째로 큰 자산운용사인 STATE STREET GLOBAL ADVISORS에서 운용하는 ETF입니다.

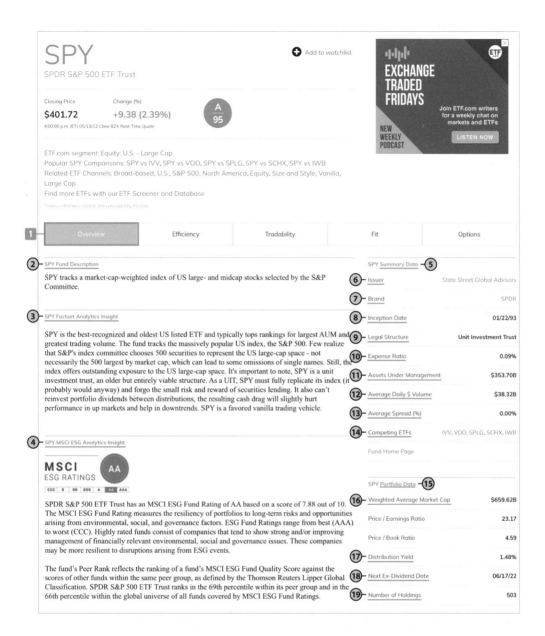

① **ETF (Exchange-Traded Fund)** 주식시장에서 주식처럼 거래되는 펀드

② **Fund Description** 펀드 간단설명

펀드가 어떤 지수Index를 추종Track하는지를 설명합니다.

③ **Factset Analytics Insight** Factset 분석 인사이트

Factset은 금융데이터를 다루는 글로벌 기업인데, 이 기업에서 제공하는 짤막한 펀드 분석 아이디어를 소개합니다.

④ **MSCI ESG Analytics Insight** MSCI ESG 분석 인사이트

이제 ESG는 어디서도 빠져서는 안 되는 중요한 개념이죠. 펀드가 투자하는 기업의 ESG 점수가 어떠한지 MSCI 점수 시스템으로 분석한 내용을 짤막하게 소개합니다.

⑤ **Summary Data** 요약자료

⑥ **Issuer** 해당 ETF를 만드는 회사

ETF 상품이 인기를 끌면서 많은 회사가 생겼는데요, 세계 3대 ETF 운용사는 State Street, Blackrock, Vangard입니다.

⑦ **Brand ETF** ETF 브랜드

예를 들면 State Street 회사의 ETF 브랜드는 SPDR, Blackrock의 ETF 브랜드는 Ishare입니다. Vanguard의 경우 ETF 브랜드가 따로 없습니다.

⑧ **Inception Date** 해당 ETF 상장일

⑨ **Legal Structure** 펀드의 법적 구조

ETF는 보통 Unit Investment Trust단위투자신탁 혹은 Open-Ended Fund개방형 펀드로 표시됩니다. ETF에 투자하는 기관투자자의 경우, 이러한 Legal Structure에 따라 투자 가능 여부가 다르기 때문에 이를 살펴봐야 하지만, 개인 투자자의 경우 크게 고려할 만한 내용은 아닙니다.

⑩ **Expense Ratio** 연간 펀드운용보수

ETF의 가장 큰 장점이 바로 뮤추얼 펀드에 비해 운용보수가 낮다는 점이죠. 통상 큰 시장에 투자하는 ETF일수록 운용보수가 낮고, 여러 가지 아이디어가 들어간 ETF일수록 운용보수가 높아집니다.

⑪ **Assets Under Management(AUM)** 펀드운용자산

AUM이 너무 작은 펀드에 투자하는 것은 펀드의 지속성이나 유동성에 문제가 있을 수 있으므로 그다지 추천하지 않습니다.

⑫ **Average Daily $ Volume** 지난 45일간 일간 평균 거래량

⑬ **Average Spread (%)** 지난 45일간의 평균 Bid-Ask 스프레드

Bid-Ask 스프레드는 매도가격과 매수가격 간의 차이를 뜻합니다. 유동성이 풍부한 펀드일수록 이 스프레드가 작겠죠.

⑭ **Competing ETFs** 비슷한 ETF

해당 펀드와 비슷한 ETF 티커를 보여줍니다. ETF가 같은 인덱스를 추종한다 하더라도 운용보수나 트래킹 에러*Tracking Error 등에서 약간의 차이를 보여주는데요, 비교해 보고 가장 좋은 것으로 고르면 됩니다.

* **Tracking Error** 트래킹 에러

   펀드와 벤치마크 지수benchmark index 수익률 간 차이의 변동성입니다. ETF는 기준지수를 복제하여 운용하는 펀드이기에, 트래킹 에러를 낮게 유지해야 합니다.

⑮ **Portfolio Data** 포트폴리오 자료

ETF 포트폴리오에 대한 정보를 알려줍니다.

⑯ **Weighted Average Market Cap** 가중평균 시가총액

ETF에 포함된 종목들의 포트폴리오 비중을 반영한 평균시총입니다. 예를 들어 이 값이 $30 bn 이라면 해당 ETF에 포함된 종목들의 가중평균 시총이 300억 달러라는 거죠.

⑰ **Distribution Yield** 배당금률

ETF를 비롯한 펀드들도 배당금을 지급하는 경우가 있는데요, 현재 펀드 가격 대비 연배당금 비율을 말합니다. 주식의 Dividend Yield배당수익률과 비슷한 개념이라고 보면 됩니다.

⑱ **Next Ex-Dividend Date** 다음 배당락일

이 날짜의 1일 전까지 해당 펀드 주식을 매수한 상태여야 배당금을 받을 수 있습니다.

⑲ **Number of Holdings** 펀드 포트폴리오 구성종목 개수

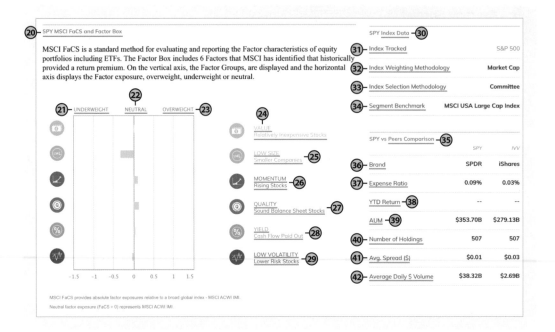

⑳ **MSCI Facs and Factor Box** MSCI 팩터점수Factor Score 및 팩터박스

MSCI Facs는 ETF 등의 주식 포트폴리오의 팩터 특성을 평가 및 제공하는 MSCI의 방법입니다. 총 6개의 팩터를 제공합니다.

㉑ **UNDERWEIGHT** 해당 팩터 비중이 낮음

SPY는 미국에서 가장 큰 종목 500개를 보유하고 있죠. 따라서 LOW SIZE사이즈 팩터가 UNDERWEIGHT로 되어 있습니다.

㉒ **NEUTRAL** 해당 팩터 비중의 중립

㉓ **OVERWEIGHT** 해당 팩터 비중이 높음

SPY의 경우 모멘텀과 퀄리티 팩터 비중이 높네요.

㉔ **VALUE: Relatively Inexpensive Stocks** 밸류 팩터

상대적으로 포트폴리오가 저평가되어 있는지를 평가합니다.

㉕ **LOW SIZE: Smaller Companies** 사이즈 팩터

포트폴리오 구성종목의 시총이 작은 편인지를 평가합니다.

㉖ **MOMENTUM: Rising Stocks** 모멘텀 팩터

포트폴리오 구성종목의 모멘텀이 강한지를 평가합니다.

㉗ **QUALITY: Sound Balance Sheet Stocks** 퀄리티 팩터

포트폴리오 구성종목의 재무상태가 건전한지를 평가합니다.

㉘ **YIELD: Cash Flow Paid Out** 배당 팩터

포트폴리오 구성종목의 배당이 어떠한지를 평가합니다.

㉙ **LOW VOLATILITY: Lower Risk Stocks** 낮은 변동성 팩터

포트폴리오 구성종목의 변동성Volatility을 평가합니다. 변동성이 높은 주식은 일간 주가의 움직임이 큽니다.

㉚ **Index Data** 지수자료

㉛ **Index Tracked** 추종지수

ETF는 패시브 펀드Passive Fund인 경우가 많은데, 복제한 지수가 무엇인지 알려줍니다. ETF의 가장 기본정보라고 할 수 있죠.

㉜ **Index Weighting Methodology** 지수비중 방식

포트폴리오를 구성할 때는 구성종목도 중요하지만 각각 어느 비중으로 싣느냐가 아주 중요하죠.

시가총액 비중Market Weight, 동일가중Equal Weight, 배당수익률 비중Dividend Yield Weight 등 여러 가지 방식이 있습니다.

㉝ Index Selection Methodology 지수선별 방식

지수를 만드는 방식을 말합니다. 보통 지수를 구성하는 위원회Committee가 만듭니다.

㉞ Segment Benchmark 부문 벤치마크

해당 ETF가 큰 그림에서 어느 카테고리에 해당하는지, 그 벤치마크Benchmark를 알려줍니다. ETF의 추종지수와는 다릅니다. SPY의 경우 추종지수는 S&P500 Index지만, Segment Benchmark는 MSCI USA Large Cap Index입니다.

㉟ Peers Comparison 동종 ETF 비교

비슷한 성향의 ETF를 비교하여 알려줍니다. 상위 10업종Top 10Sectors의 포트폴리오 내 섹터 비중이 어떠한지를 보면 해당 펀드의 성격을 알 수 있습니다.

㊱ Brand ETF ETF 브랜드

㊲ Expense Ratio 연간 펀드운용보수

㊳ YTD Return 연초 이후Year to Date 수익률

㊴ AUM (Asset Under Management) 펀드운용자산

㊵ Number of Holdings 보유종목 개수

㊶ Avg. Spread ($) 평균 스프레드

ETF의 평균 Bid-Ask 스프레드매도가격과 매수가격 간의 차이 달러 절댓값입니다.

㊷ Average Daily $ Volume 일평균 거래대금

다음은 아래로 스크롤하면 나오는 펀드 수익률 부분입니다.

PERFORMANCE [as of 05/12/22]	1 MONTH	3 MONTHS	YTD	1 YEAR	3 YEARS	5 YEARS	10 YEARS
SPY	--	--	--	--	--	--	--
▮ SPY (NAV) (43)	-10.51%	-10.73%	-17.13%	-1.96%	12.67%	12.37%	13.36%
▮ S&P 500	-10.52%	-10.72%	-17.11%	-1.89%	12.75%	12.45%	13.47%
▮ MSCI USA Large Cap Index	-11.14%	-11.52%	-18.25%	-3.13%	12.88%	12.67%	13.58%

(43) **Net Asset Value** 펀드의 순자산가치

ETF 한 주당 가치로, ETF의 가격Price과 거의 비슷합니다. 순자산가치의 수익률이 기간별로 나옵니다.

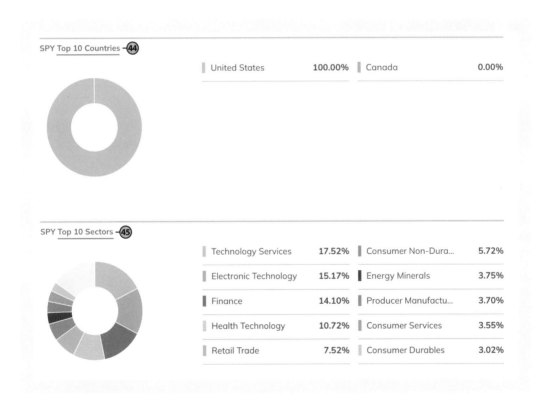

SPY Top 10 Countries (44)

United States	100.00%	Canada	0.00%

SPY Top 10 Sectors (45)

Technology Services	17.52%	Consumer Non-Dura...	5.72%
Electronic Technology	15.17%	Energy Minerals	3.75%
Finance	14.10%	Producer Manufactu...	3.70%
Health Technology	10.72%	Consumer Services	3.55%
Retail Trade	7.52%	Consumer Durables	3.02%

SPY Top 10 Holdings [View All]
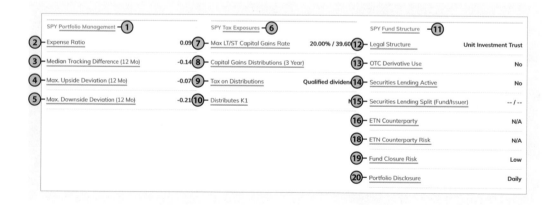

Apple Inc.	6.98%	Alphabet Inc. Class C	1.86%
Microsoft Corporation	5.87%	Berkshire Hathaway...	1.70%
Amazon.com, Inc.	2.82%	Johnson & Johnson	1.38%
Alphabet Inc. Class A	2.00%	UnitedHealth Group ...	1.36%
Tesla Inc	1.95%	Meta Platforms Inc. ...	1.34%

Total Top 10 Weight... **27.26%**

㊹ **Top 10 Countries** 상위 10개국

㊺ **Top 10 Sectors** 상위 10업종

㊻ **Top 10 Holdings** 상위 10종목

펀드 포트폴리오의 상위 10종목을 비중과 함께 보여줍니다. ETF에 투자할 때 투자종목이 무엇인지 확인하는 것은 기본입니다.

2 | Efficiency 효율성

SPY Portfolio Management ①		SPY Tax Exposures ⑥		SPY Fund Structure ⑪	
② Expense Ratio	0.09	⑦ Max LT/ST Capital Gains Rate	20.00% / 39.60	⑫ Legal Structure	Unit Investment Trust
③ Median Tracking Difference (12 Mo)	-0.14	⑧ Capital Gains Distributions (3 Year)		⑬ OTC Derivative Use	No
④ Max. Upside Deviation (12 Mo)	-0.07	⑨ Tax on Distributions	Qualified dividen	⑭ Securities Lending Active	No
⑤ Max. Downside Deviation (12 Mo)	-0.21	⑩ Distributes K1	N	⑮ Securities Lending Split (Fund/Issuer)	-- / --
				⑯ ETN Counterparty	N/A
				⑱ ETN Counterparty Risk	N/A
				⑲ Fund Closure Risk	Low
				⑳ Portfolio Disclosure	Daily

① **Portfolio Management** 포트폴리오 운용

해당 펀드의 포트폴리오가 적절히 운용되고 있는지 판단할 수 있는 몇 가지 지표를 제공합니다.

② **Expense Ratio** ETF운용수수료

③ **Median Tracking Difference** 평균 지수추종 차이

ETF가 지수를 얼마나 잘 추종하고 있는지를 계산합니다. 이 값의 절댓값이 작을수록 지수와 펀드 간의 차이가 작은 것입니다.

④ **Max. Upside Deviation** 최대 상방 오차

지난 12개월간 펀드가 지수보다 더 높게 벗어난 정도입니다. 가장 높게 벌어졌던 수익률 차이입니다. 0.01%면 펀드 수익률이 지수 수익률보다 0.01%P 높았던 것이 지난 12개월간 가장 큰 괴리였다는 뜻이에요. -0.26%면 펀드보다 수익률이 0.26%P 낮았던 게 하방으로 괴리가 가장 컸다는 뜻이고요. 플러스, 마이너스와 상관없이 숫자의 절댓값이 클수록 지수와의 괴리가 큽니다. ETF는 지수를 따라가야 하니까 그 괴리가 클수록 안 좋습니다.

⑤ **Max. Downside Deviation** 최대 하방 오차

지난 12개월간 펀드가 지수보다 더 낮게 벗어난 정도입니다. -0.26%면 펀드보다 수익률이 0.26%P 낮았던 게 하방으로 괴리가 가장 컸다는 뜻입니다. 플러스, 마이너스와 상관없이 숫자의 절댓값이 클수록 지수와의 괴리가 큽니다. ETF는 지수를 따라가야 하니까 그 괴리가 클수록 안 좋습니다.

⑥ **Tax Exposures** 세금 노출

자산관리에서 세금은 정말 중요한 이슈죠. 세금은 크게 자본소득세Capital Gain Tax와 배당세Dividend Tax로 나뉘는데 이 모든 세금은 투자자에게 전가됩니다. ETF는 세금 효용성Tax Efficiency이 높아 역시 투자자들에게 인기가 좋습니다. ETF를 비롯한 펀드의 ETF는 기본적으로 투자하고 있는 자산에 대한 세금법을 따라가며, ETF는 지수를 따라가기 때문에 *Turnover가 낮아서 통상적인 액티브 뮤츄얼 펀드보다 Capital Gain Tax자본소득세 역시 낮습니다.

* **Turnover** 펀드 규모 대비 연간매매비중

매매를 많이 할수록 Turnover가 높으며, 매매비용도 높아집니다.

⑦ Max LT/ST Capital Gains Rate 자본소득세의 장기/단기 최고세율

1년 이상 보유할 경우 장기 세율이 붙습니다.

⑧ Capital Gains Distributions(3 Years) 지난 3년간 NAV 대비 투자자에게 전가된 세금 비율

펀드의 NAVNet Asset Value, 순자산가치는 주당 혹은 단위당 가격을 말합니다.

⑨ Tax on Distributions 펀드 분배금세

펀드 분배금이 Qualified Dividend적격배당, 특정 요건을 충족하면 높은 세율이 아니라 낮은 세율로 과세되는 배당금인지, Ordinary Dividends보통배당인지를 표시합니다.

⑩ Distributes K1 펀드의 *Schedule K-1 연방세금문서 제공 여부

*Schedule K-1 스케줄 K-1
Comodity(상품) 등의 특정 ETF 및 LPLimited Partnership, 합자회사 등은 손익, 배당금 등을 K-1 문서를 통해 보고해야 합니다. 이들은 법인세를 투자자 혹은 주주에게 전가하는 특징이 있습니다.

⑪ Fund Structure 펀드 구조

개인투자자에게는 그리 중요한 요소가 아니지만, 기관투자자에게는 반드시 확인해야 하는 부분입니다. 비슷해 보이는 펀드라 할지라도 법적으로는 투자 가능 여부가 다를 수 있거든요.

⑫ Legal Structure 펀드의 법적 구조

*Unit Investment Trust는 펀드 법적 구조Legal Structure의 한 종류입니다. 대부분의 주식형 ETF는 Unit Investment Trust 혹은 *Open-End Fund입니다.

*Unit Investment Trust 단위투자신탁
ETF 중에서 포트폴리오가 일정 기간 정해져 있는 형태의 펀드를 말합니다. ETF는 보통 지수를 복제하여 운용하는데, 지수는 일정 기간(반기 혹은 연기) 포트폴리오가 고정되어 있습니다. 다른 부차적인 운용 없이unmanaged 이렇게 지수만 그대로 카피하는 경우의 ETF를 Unit investment trust로 분류합니다.

*Open-End Fund (Open-Ended Fund) 개방형 펀드
펀드가 투자자에게 직접 지분을 발행하는 것으로, 우리가 통상 투자하는 펀드들이 여기에 포함됩니다. 이와 상대되는 개념으로 Closed-end Fund폐쇄형 펀드가 있습니다. 폐쇄형 펀드는 개방형 펀드와 달리 펀드 발행주식 수가 고정되어 있습니다.

⑬ **OTC Derivative Use** 장외시장 파생상품 포함 여부

해당 ETF에 옵션, 선물 등 장외시장 파생상품이 포함되어 있는지를 알려줍니다. 이 역시 기관투자자가 투자 전 확인해야 하는 부분입니다. No라고 나와 있는 것을 보니 SPY에는 포함되어 있지 않습니다.

⑭ **Securities Lending Active** 증권대주활성화

해당 ETF가 보유주식의 대주*Lending Securities를 활발히 하는가를 표시합니다.

***Lending Securities** 공매도 투자자에게 주식을 빌려주는 일

공매도 투자자들은 주식 가격이 높다고 생각하면 빌려서 매도한 뒤, 가격이 내리면 그 수량만큼 주식을 다시 매수하여 갚음으로서 시세차익을 추구합니다. 대주할 때 이자를 받을 수 있어서 주식을 많이 보유한 기관투자자 혹은 증권사는 대주를 통해 추가이익을 얻기도 합니다.

⑮ **Securities Lending Split (Fund/Issuer)** 증권대주분할(펀드/펀드회사)

증권대주를 활발히 할 경우, 그 수익을 펀드와 펀드회사 간에 어느 비율로 나누는지를 표시합니다.

⑯ **ETN Counterparty** ETN 발행기관

ETN 수익제공의 책임을 지는 기관입니다. ETN을 위한 정보라서 SPY에는 해당사항이 없으므로 N/ANot Available라고 나옵니다.

⑰ **ETN (Exchange-Traded Note)** 상장지수증권

주식, 채권, 원자재, 통화 등을 기초자산으로 한 특정지수의 수익을 추종하는 파생결합증권입니다.

⑱ **ETN Counterparty Risk** ETN 발행기관의 파산위험

ETN은 발행기관의 파산위험이 있다는 것이 ETF와의 큰 차이점입니다.

⑲ **Fund Closure Risk** 펀드폐쇄위험

펀드발행회사가 펀드를 없앨 위험이 높은지 낮은지를 표시합니다. SPY는 그 위험이 낮죠.

⑳ **Portfolio Disclosure** 포트폴리오 공개

SPY는 포트폴리오를 매일 공개합니다.

3 | Tradability 거래성

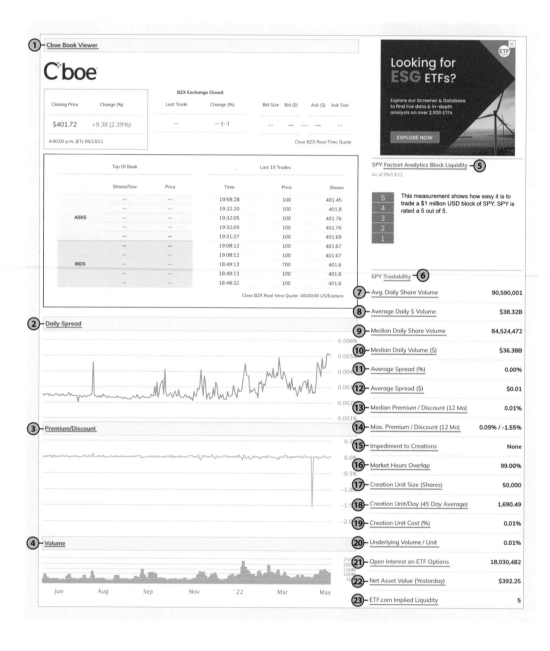

① Cboe Book Viewer

BZX Exchange Closed

Closing Price	Change (%)		Last Trade	Change (%)		Bid Size	Bid ($)	Ask ($)	Ask Size
$401.72	+9.38 (2.39%)		--	-- (--)		--	--	--	--

4:00:00 p.m. (ET) 05/13/22

Cboe BZX Real-Time Quote

Top Of Book / **Last 10 Trades**

	Shares/Size	Price		Time	Price	Shares
	--	--		19:58:28	100	401.45
	--	--		19:32:20	100	401.8
ASKS	--	--		19:32:05	100	401.76
	--	--		19:32:05	100	401.76
	--	--		19:31:27	100	401.69
	--	--		19:08:12	100	401.67
	--	--		19:08:12	100	401.67
BIDS	--	--		18:49:13	700	401.6
	--	--		18:49:13	100	401.6
	--	--		18:48:32	100	401.6

Cboe BZX Real-time Quote -00:00:00 US/Eastern

② Daily Spread

③ Premium/Discount

④ Volume

⑤ SPY Factset Analytics Block Liquidity

As of 05/13/22

This measurement shows how easy it is to trade a $1 million USD block of SPY. SPY is rated a 5 out of 5.

⑥ SPY Tradability

⑦ Avg. Daily Share Volume	90,590,001
⑧ Average Daily $ Volume	$38.32B
⑨ Median Daily Share Volume	84,524,472
⑩ Median Daily Volume ($)	$36.38B
⑪ Average Spread (%)	0.00%
⑫ Average Spread ($)	$0.01
⑬ Median Premium / Discount (12 Mo)	0.01%
⑭ Max. Premium / Discount (12 Mo)	0.09% / -1.55%
⑮ Impediment to Creations	None
⑯ Market Hours Overlap	99.00%
⑰ Creation Unit Size (Shares)	50,000
⑱ Creation Unit/Day (45 Day Average)	1,690.49
⑲ Creation Unit Cost (%)	0.01%
⑳ Underlying Volume / Unit	0.01%
㉑ Open Interest on ETF Options	18,030,482
㉒ Net Asset Value (Yesterday)	$392.25
㉓ ETF.com Implied Liquidity	5

① **Cboe Book Viewer** Cboe 거래기록

Cboe에서 제공하는 거래관련 자료입니다. CboeChicago Board Options Exchange는 시카고 옵션 거래소로 미국에서 가장 큰 옵션시장입니다.

② **Daily Spread** 일간 Bid매수가격-Ask매도가격 스프레드

③ **Premium/Discount** 프리미엄/디스카운트 비율

ETF NAVNet Asset Value 대비 ETF 주가 비율입니다. 값이 플러스면 NAV 대비 ETF가 높은 가격에 거래되었다는 것이며, 값이 마이너스면 NAV 대비 ETF가 낮은 가격에 거래되었다는 것을 뜻합니다. SPY는 그 비율 정도가 0.1% 이내로 거의 차이가 없음을 알 수 있습니다. 규모가 작은 ETF이거나 거래가 낮은 ETF는 이 비율이 큰 경향이 있습니다.

④ **Volume** 거래량

⑤ **Factset Analytics Block Liquidity** Factset 분석 블록거래유동성

금융자료 제공회사인 Factset에서 제공하는 유동성 지표입니다. 일정량($1mn, 백만 달러, 현재 환율 기준 약 10억 원)의 주식거래가 어느 정도 가능한지 표시합니다. 1부터 5까지로 표시되며, SPY는 유동성이 가장 풍부한 5에 해당합니다.

⑥ **Tradability** 거래성

거래가 쉬운 ETF인지를 보여주는 자료입니다. 규모가 작거나 거래량이 낮은 ETF는 매매가 쉽지 않고, 거래비용이 상대적으로 많이 들기 때문에 조심해야 합니다.

⑦ **Avg. Daily Share Volume** 일평균 거래량(과거 45일간)

⑧ **Average Daily $ Volume** 일평균 거래대금(과거 45일간)

⑨ **Median Daily Share Volume** 일간 거래량 중간값(과거 45일간)

⑩ **Median Daily Volume ($)** 일간 거래대금 중간값(과거 45일간)

⑪ **Average Spread (%)** 평균 Bid매수가격-Ask매도가격 스프레드

⑫ **Average Spread ($)** 평균 Bid-Ask 스프레드 달러 절댓값

⑬ **Median Premium / Discount (12 Mo)** 지난 12개월간 프리미엄/디스카운트 비율의 중간값

⑭ **Max. Premium / Discount (12 Mo)** 지난 12개월간 프리미엄/디스카운트 비율의 최고값

⑮ **Impediment to Creations** ETF 발행/상환 장애여부

ETF를 발행하거나 상환하는 데 문제가 있는지를 알려줍니다.

⑯ **Market Hours Overlap** 거래시간 중복 정도

미국 주식시장의 개장시간 동안 매매 가능한 포트폴리오 종목 비중입니다. 기본적으로 미국 주식거래소에서 거래되는 종목 비중이라고 보면 됩니다.

⑰ **Creation Unit Size (Shares)** 최소 ETF 블록 거래단위

ETF를 대량매매할 경우의 최소 주식 수를 말합니다.

⑱ **Creation Unit/Day (45 Day Average)** 일간 최소 ETF 블록거래단위(45일 평균)

일간 거래량 중간값을 최소 대량매매 단위Creation Unit Size로 나눈 값입니다. 펀드의 유동성을 나타내는 지표이며, 현재 거래량에 비추어볼 때, 최소단위의 대량매매거래를 하루에 몇 번 할 수 있는지를 나타냅니다.

⑲ **Creation Unit Cost (%)** 대량매매비용

1creation unit을 발행/상환할 때의 수수료입니다. SPY는 0.01%로 아주 낮은 수준입니다.

⑳ **Underlying Volume / Unit** 일간 거래량 대비 대량매매 최소 한 단위 비중

SPY는 0.01%로 아주 낮습니다. 그만큼 유동성이 풍부한 ETF입니다.

㉑ **Open Interest on ETF Options** 해당 ETF에 포함된 옵션의 총개수

㉒ **Net Asset Value (Yesterday)** ETF의 순자산 가치

etf.com에서 계산한, 펀드의 유동성입니다. 1부터 5까지로 표시되며 5는 유동성이 가장 풍부한 경우입니다.

4 | Fit 적합성

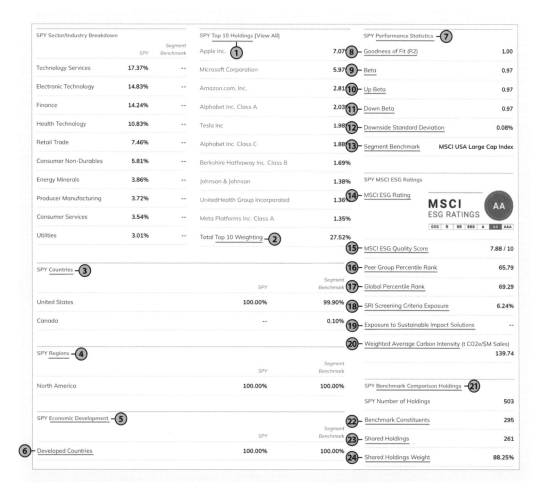

SPY Sector/Industry Breakdown	SPY	Segment Benchmark
Technology Services	17.37%	--
Electronic Technology	14.83%	--
Finance	14.24%	--
Health Technology	10.83%	--
Retail Trade	7.46%	--
Consumer Non-Durables	5.81%	--
Energy Minerals	3.86%	--
Producer Manufacturing	3.72%	--
Consumer Services	3.54%	--
Utilities	3.01%	--

SPY Top 10 Holdings [View All]	
① Apple Inc.	7.07 ⑧
Microsoft Corporation	5.97 ⑨
Amazon.com, Inc.	2.81 ⑩
Alphabet Inc. Class A	2.03 ⑪
Tesla Inc	1.98 ⑫
Alphabet Inc. Class C	1.88 ⑬
Berkshire Hathaway Inc. Class B	1.69%
Johnson & Johnson	1.38%
UnitedHealth Group Incorporated	1.36% ⑭
Meta Platforms Inc. Class A	1.35%
② Total Top 10 Weighting	27.52%

⑦ SPY Performance Statistics	
Goodness of Fit (R2)	1.00
Beta	0.97
Up Beta	0.97
Down Beta	0.97
Downside Standard Deviation	0.08%
Segment Benchmark	MSCI USA Large Cap Index

SPY MSCI ESG Ratings

⑭ MSCI ESG Rating

MSCI ESG RATINGS AA
CCC | B | BB | BBB | A | AA | AAA

⑮ MSCI ESG Quality Score	7.88 / 10
⑯ Peer Group Percentile Rank	65.79
⑰ Global Percentile Rank	69.29
⑱ SRI Screening Criteria Exposure	6.24%
⑲ Exposure to Sustainable Impact Solutions	--
⑳ Weighted Average Carbon Intensity (t CO2e/$M Sales)	139.74

③ SPY Countries	SPY	Segment Benchmark
United States	100.00%	99.90%
Canada	--	0.10%

④ SPY Regions	SPY	Segment Benchmark
North America	100.00%	100.00%

⑤ SPY Economic Development	SPY	Segment Benchmark
⑥ Developed Countries	100.00%	100.00%

㉑ SPY Benchmark Comparison Holdings	
SPY Number of Holdings	503
㉒ Benchmark Constituents	295
㉓ Shared Holdings	261
㉔ Shared Holdings Weight	88.25%

① **Top 10 Holdings** 해당 ETF의 보유 종목 중 비중이 가장 큰 10종목 리스트

② **Top 10 Weightings** 해당 ETF의 보유 종목 중 비중이 가장 큰 10종목의 총비중

③ **Countries** 국가

해당 ETF가 투자하는 종목의 국가 리스트 및 비중을 보여줍니다.

④ **Regions** 지역

해당 ETF가 투자하는 종목의 지역 리스트 및 비중을 보여줍니다.

⑤ **Economic Development** 경제발달

전 세계 금융시장을 분석할 때는 경제발달 정도에 따라 크게 선진국, 개발도상국, 프런티어시장
의 세 섹션으로 나눕니다. 해당 펀드가 투자하는 국가 중 선진국 비중, 개발도상국 비중 등 비중
을 알려줍니다.

⑥ **Developed Countries** 경제 선진국

북미, 서유럽, 일본, 호주 등이 포함됩니다.

*Developing Countries 개발도상국

Emerging Countries신흥국이라고도 합니다. 일본, 싱가포르, 홍콩을 제외한 아시아 국가, 동유럽, 남
미 중미, 중동 등이 포함됩니다. 한국은 경제규모가 크지만 아직 MSCI 기준으로는 신흥시장으로 분
류됩니다.

*Frontier Countries 프런티어 시장

신흥국이지만 규모가 아주 작은 국가들이 해당합니다. 보통 자본시장 발달이 미비하여 주식시장이 없
는 경우도 많습니다.

⑦ **Performance Statistics** 펀드주가 통계

⑧ **Goodness of Fit (R2)** 적합도(알스퀘어)

펀드가 추종지수와 얼마나 비슷하게 움직이는지 알려줍니다. 1에 가까울수록 움직임이 같음을
의미합니다.

⑨ **Beta** 베타

추종지수 대비 펀드의 수익률 민감도를 나타냅니다. 주가지수가 변화할 때 펀드의 수익률이 그
에 비해 얼마나 변화했는지를 나타내는 지표죠. 펀드 베타가 1인 펀드는 시장 수익률과 동일한
폭만큼 움직인 것입니다. 베타가 1보다 크면 시장 수익률보다 민감하게 움직이는 펀드로 상대적

위험이 크다고 볼 수 있으며, 1보다 작으면 시작 수익률보다 둔감하게 움직인다는 뜻으로 비교적 안정적이라고 해석할 수 있습니다.

⑩ **Up Beta** 업베타

추종지수가 상승하는 날 지수 대비 펀드 수익률입니다.

⑪ **Down Beta** 다운베타

추종지수가 하락하는 날 지수 대비 펀드 수익률입니다. 이상적으로 다운베타가 업베타보다 낮은 것이 좋습니다.

⑫ **Downside Standard Deviation** 주가하락 시 편차

펀드의 성과가 추종지수보다 안 좋을 때 펀드와 추종지수 간 차이가 어느 정도인지를 알려줍니다.

⑬ **Segment Benchmark** 해당 ETF의 기준이 되는 지수

⑭ **MSCI ESG Rating** MSCI에서 제공하는 펀드의 ESG 점수

가장 높은 점수는 AAA, 가장 낮은 점수는 CCC입니다. 최근 들어 ESG를 워낙 강조하는 추세이다 보니, 이 관련 지표를 여러 방면으로 제공합니다.

⑮ **MSCI ESG Quality Score** MSCI ESG 퀄리티 점수

해당 펀드 구성종목의 MSCI ESG 점수를 가중비중으로 계산한 점수입니다. 10점 만점 기준입니다.

⑯ **Peer Group Percentile Rank** 동종그룹 백분위 순위

비슷한 다른 ETF 대비 해당 펀드가 몇 %에 랭크되는지 알려줍니다. 예를 들어, 이 숫자가 40이라면 비슷한 그룹 내에서 이 펀드의 ESG 점수는 상위 40%라는 뜻입니다.

⑰ **Global Percentile Rank** 글로벌 백분위 순위

MSCI가 담당하는 글로벌 모든 ETF 중 해당 펀드의 ESG % 랭크입니다.

⑱ **SRI Screening Criteria Exposure** 사회적책임투자 제외요소 관련 종목 투자비중

사회적 책임 투자SRI: Socially Responsible Investment 제외 요소(술, 도박, 무기, 핵, 담배 등)와 연관된 비즈니스를 하는 종목에 해당 펀드가 투자하는 비율을 알려줍니다.

⑲ **Exposure to Sustainable Impact Solutions** ESG 관련 직접적인 비즈니스를 하는 기업의 비중

⑳ **Weighted Average Carbon Intensity** 펀드 구성종목의 평균 이산화탄소 집중도

㉑ **Benchmark Comparison Holdings** 벤치마크 종목 비교

비교지수와 구성종목을 비교하는 섹션입니다.

㉒ **Benchmark Constituents** 비교지수 포함 종목

㉓ **Shared Holdings** 벤치마크 종목과 겹치는 종목

SPY가 보유한 502개 종목 중 벤치마크 297개 종목과 겹치는 종목은 261개입니다.

㉔ **Shared Holdings Weight** 벤치마크 종목과 겹치는 종목의 총비중

이 261개 종목의 펀드 내 비중은 88.30%입니다.

SPY Benchmark Comparison Summary ㉕	SPY	Segment Benchmark
㉖ Number of Holdings	503	295
㉗ Weighted Average Market Cap	$659.62B	$723.99B
㉘ Price / Earnings Ratio	23.17	24.13
㉙ Price / Book Ratio	4.59	5.01
㉚ Dividend Yield	1.33%	1.30%
㉛ Concentration	Low	Low
SPY Benchmark Comparison Market Cap Size ㉜	SPY	Segment Benchmark

㉕ **Benchmark Comparison Summary**
벤치마크 비교 요약

벤치마크 지수와 비교 내역을 요약합니다.

㉖ **Number of Holdings** 보유종목 개수

㉗ **Weighted Average Market Cap**
가중평균 시가총액

보유 종목의 시가총액을 펀드 내 비중으로 가중평균한 값입니다.

㉘ **Price / Earnings Ratio** 펀드의 주가순이익 비율

(33) Large (>12.9B)	98.55%	99.98%
(34) Mid (>2.7B)	1.45%	0.02%
(35) Small (>600M)	0.00%	0.00%
(36) Micro (<600M)	0.00%	0.00%

(29) **Price / Book Ratio** 펀드의 주가순자산 비율

(30) **Dividend Yield** 펀드의 배당수익률

(31) **Concentration** 집중도

펀드 포트폴리오의 분산 정도를 알려줍니다. 포트폴리오가 작은 수의 종목으로 이루어져 있으면 집중도가 높고, 많은 수의 종목으로 이루어져 있으면 집중도가 낮습니다.

(32) **Benchmark Comparison Market Cap Size** 벤치마크 비교 시가총액

벤치마크와 비교하여 펀드 보유종목의 시총비중을 보여줍니다.

(33) **Large (≧12.9B)** 대형주(시총 $129억 이상)

(34) **Mid (≧2.7B)** 중형주(시총 $27억 이상)

(35) **Small (≧600M)** 소형주(시총 $6억 이상)

(36) **Micro (≦600M)** 초소형주(시총 $6억 이하)

채권형 ETF 관련 용어

지금까지 주식형 ETF의 대표 상품인 SPY를 살펴보며 영단어를 알아보았습니다. 이제 채권형 ETF와 관련한 단어를 알아볼까요?

주식은 투자자가 주식 보유량에 따라 기업의 일부를 소유하는 것입니다. 반면 채권은 채권자가 기업에 자금을 빌려주는 거죠. 돈을 빌려주는 것이니, 얼마 동안 빌려줄 것인지를 책정하여 상환 날짜를 설정합니다. 즉, 만기가 정해져 있어요. 또한 돈을 빌리는 기업은 그에 대한 이자를 채권자에게 줘야 합니다. 우리가 금융권에서 신용대출을 받으려 할 때 우리 신용 정도를 금융권에서 신중히 파악하잖아요? 신용등급이 낮으면 은행에서 돈을 빌리지 못해 제2금융권으로 가야 하고, 거기서도 안 되면 사채 (여기는 물론 절대로 가면 안 되죠)를 빌리게 되죠. 뒷 단계로 갈수록 지불해야 할 이자가 점점 높아집니다. 기업도 똑같아요. 기업의 신용등급에 따라 채권 이자가 달라집니다. 우량 채권일수록 채권자가 받는 이자는 낮습니다. 하이 리스크 하이 리턴High Risk High Return이죠.

이런 채권 상품도 ETF로 거래할 수 있는데요, 똑같이 etf.com에서 원하는 채권 ETF 이름을 검색하면 됩니다. 대표적인 채권 ETF 중 하나인 TLT를 예로 삼아, 채권과 관련한 상세한 사항을 영단어와 함께 살펴볼게요.

SPY를 찾았던 것과 마찬가지로 etf.com 검색창에서 TLT를 쳐봅시다. 아래로 스크롤하며 다음 부분을 찾아봅니다.

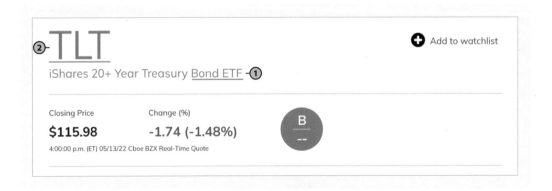

③ TLT Portfolio Data		⑨ TLT Holdings Statistics	
④ Duration	19.39	⑩ Weighted Average Life	26.04 years
⑤ Weighted Avg. Maturity	--	⑪ Effective Duration	19.39
⑥ Yield to Maturity	1.81%	Yield to Maturity	1.81%
⑦ Next Ex-Dividend Date	06/01/22	⑫ Credit Spread Duration	19.15
⑧ Number of Holdings	34	⑬ Concentration	High
		Number of Holdings	34
		⑭ Option Adjusted Spread	0.00%

① **Bond ETF** 채권 ETF

② **TLT** (펀드 이름)

블랙록에서 운용하며, 20년 이상 만기의 미국 장기채에 투자하는 펀드입니다.

③ **TLT Portfolio Data** TLT 포트폴리오 자료

④ **Duration** (듀레이션) 채권 원금회수에 걸리는 시간

이자율 변동에 대한 채권 가격의 민감도를 측정합니다. 이 값이 높을수록 이자율 변동에 따른 채권 가격 변동이 크다는 말입니다.

⑤ **Weighted Avg. Maturity** 채권 만기까지 가중평균값

채권 만기까지 걸리는 시간이 길수록 듀레이션이 높고, 이자율 위험도 큽니다.

⑥ **Yield to Maturity** 채권 만기 수익률

채권을 만기까지 보유할 경우 투자자가 얻게 되는 이익으로, 포트폴리오 구성 채권의 가중 평균 만기 수익률입니다.

⑦ **Next Ex-Dividend Date** 다음 배당락일

⑧ **Number of Holdings** 보유종목(채권) 개수

⑨ **TLT Portfolio Holdings Statistics** TLT 포트폴리오 보유종목 통계

⑩ **Weighted Average Life** 가중평균수명

포트폴리오 구성 채권의 원금이 상환되기까지 걸리는 평균 시간입니다.

⑪ **Effective Duration** 옵션을 반영한 듀레이션

옵션이 포함된 채권의 경우, 이자율에 따라 변하는 옵션의 가격을 반영하여 듀레이션을 구합니다.

⑫ **Credit Spread Duration** 신용 스프레드 듀레이션

신용 스프레드Credit Spread는 회사채 금리와 국고채 금리의 차이를 말합니다. 신용 스프레드 듀레이션은 이자율 변동에 대한 이 스프레드의 민감도를 측정합니다.

⑬ **Concentration** 집중 정도

포트폴리오가 분산되어 있는지 집중되어 있는지를 표시합니다. TLT는 미국 장기채에만 투자하므로 집중도가 높습니다.

⑭ **Option Adjusted Spread (OAS)** 옵션을 반영한 스프레드

무위험 수익률과 채권 수익률 간 차이에 옵션을 고려한 스프레드입니다.

커머디티 ETF 관련 용어

커머디티Commodity ETF는 금, 은, 원자재, 곡물, 돼지고기, 설탕 등 커머디티(상품)에 투자하는 ETF입니다. 커머디티 관련 ETF 중 규모가 가장 큰 금 ETF인 GLD를 예시로 살펴보겠습니다. etf.com 검색창에서 GLD를 쳐볼게요.

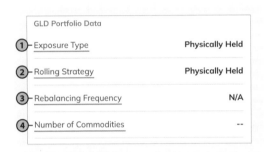

① Exposure Type 익스포저 종류

해당 ETF가 투자하는 커머디티가 현물Physical 거래인지 선물Futures 거래인지 표시합니다. Exposure라고 하면 통상 '노출'이라는 뜻이지요? 금융에서는 개인이나 기업이 투자와 관련하여 부담하게 되는, 투자자에게 노출되는 위험Risk을 뜻합니다. 예를 들어 투자자가 "So, what's your Japan equity exposure?"라고 묻는다면, "그래서 당신의 포트폴리오에서 일본 주식시장에 투자하는 비중은 얼마입니까?(일본시장에 노출된 위험은 얼마입니까?)"라는 뜻입니다.

② Rolling Strategy 롤링전략

커머디티는 보통 선물Futures로 많이 거래하는데, 만기가 되면 그 선물 계약을 그다음 기간으로 연장해야 합니다. 이때 이용하는 전략을 Rolling Strategy라고 합니다.

③ Rebalancing Frequency 리밸런싱 빈도

펀드 포트폴리오 구성을 바꾸는 것을 리밸런싱Rebalancing이라고 하며, 펀드 투자설명서Fund Prospectus에 그 빈도를 명시합니다.

④ Number of Commodities 투자되는 원자재 종류 개수

아래는 이 밖에도 ETF와 관련하여 많이 볼 수 있는 단어들입니다.

① **Asset Class** 자산군

*Alternatives대체자산, *Asset Allocation자산배분, Commodities커머디티, Currency화폐, Equity주식, Fixed Income채권 등으로 나뉩니다.

***Alternatives** 대체자산

Alternative는 '대체의, 대안의'라는 뜻입니다. Alternative Asset은 주식, 채권, 현금을 대체하는 자산을 뜻합니다. 부동산, 귀금속, 가상화폐, 미술품, 와인, 헤지펀드, 사모펀드, 벤처캐피털, NFT 등 주식, 채권, 현금을 제외한 모든 투자자산을 아우르는 단어라고 보면 됩니다.

***Asset Allocation** 자산배분

Allocate는 '배분하다'라는 뜻입니다. 투자자의 투자목적과 위험선호도, 투자기간에 맞추어 자산을 적절하게 배분하여 투자 포트폴리오를 구성, 투자위험과 목표수익률의 균형을 맞추는 것을 뜻합니다.

② **Absolute Returns** 절대 수익

절대수익을 추구하는 펀드는 시장 상황과 관계없이 어떤 상황에서도 플러스 수익을 내는 것을 목표로 합니다. 대부분의 헤지펀드가 여기에 해당하지요.

③ **Inverse Equity** 인버스 주식

시장의 방향과 반대되는 방향으로 투자하고 싶을 때 인버스 ETF를 이용합니다. 인버스 ETF는 일종의 숏개념인데요, 시장이 하락하면 수익이 나고 반대로 시장이 상승하면 손실이 나는 펀드입니다.

④ **Leveraged** 레버리지

가격 변화에 두 배, 세 배의 레버리지를 주어서 수익을 극대화하는 ETF입니다. 레버리지가 들어가는 만큼 변동성도 커져서 손실의 위험도 그만큼 커진다는 사실을 유념해야 합니다.

⑤ **Broad Market** 전체 시장

전체 시장에 투자하는 펀드가 포함됩니다. ETF는 기초자산을 그대로 복제하는 펀드이기 때문에 아무런 전략이 들어가지 않고 전체 시장에 투자하는 ETF는 운용수수료가 가장 낮은 수준입니다.

⑥ **Long EUR, Short USD** EUR 매수, USD 매도 전략

롱Long은 매수전략, 숏Short은 매도 전략을 뜻하는데요, 롱숏 전략은 하나의 포지션을 매수하고 다른 포지션을 매도함으로써 시장에 노출되는 리스크를 줄이고 매수와 매도 둘 모두에서 수익을 기대하며 절대수익을 추구하는 전략입니다. 이용되는 자산은 주식, 채권, 환 등 다양하며 Long EUR, Short USD 전략은 유로화 상승과 미달러 하락에 베팅하는 전략입니다.

⑦ **Long Emerging Markets Basket, Short USD** 신흥시장 화폐 매수, 미달러 매도 전략

신흥시장에는 중국, 브라질, 러시아, 한국 등 여러 나라가 포함되는데, 이들은 대체적으로 미달러 대비 변동성이 높습니다. 이들을 포트폴리오로 묶어서 신흥시장 통화 바스켓을 구성합니다.

⑧ **Smart-Beta ETFs** 스마트베타 ETF

요즘에는 Active ETF로 더 많이 불립니다. 기존의 전통적인 ETF가 시장 전체를 복제하는 전략이었다면, 스마트베타는 전략을 다변화한 것입니다. 예를 들면 가치주, 성장주, 모멘텀주 등으로 어느 특정한 요소에 비중을 더 많이 둠으로써 시장 베타와 차별화를 두는 전략을 가미한 ETF죠.

⑨ **ETFs By Region** 지역별로 분류한 ETF

UN 기준으로는 전 세계에 200여 개국이 있지만, 그중 자본시장이 발달한 나라는 일부에 불과합니다. MSCI 글로벌 지수에는 50여 개국이 편입되어 있습니다. 크게 Developed Markets선진시장, Emerging Markets신흥시장로 나뉘는데, 아래 표를 참고삼아 보면 글로벌 지수의 그림을 전체적으로 익힐 수 있습니다.

MSCI ACWI INDEX					
MSCI WORLD INDEX			MSCI EMERGING MARKETS INDEX		
DEVELOPED MARKETS			EMERGING MARKETS		
Americas	Europe & Middle East	Pacific	Americas	Europe, Middle East & Africa	Asia
Canada United States	Austria Belgium Denmark Finland	Australia Hong Kong Japan New Zealand	Argentina Brazil Chile Colombia	Czech Republic Egypt Greece	China India Indonesia Korea

France	Singapore	Mexico	Hungary	Malaysia
Germany		Peru	Kuwait	Pakistan
Ireland			Poland	Philippines
Israel			Qatar	Taiwan
Italy			Russia	Thailand
Netherlands			Saudi Arabia	
Norway			South Africa	
Portugal			Turkey	
Spain			United Arab	
Sweden			Emirates	
Switzerland				
United				
Kingdom				

출처: MSCI

⑩ **ETFs By Currency** 화폐별로 분류한 ETF

해외주식을 하다 보면 Australian Dollar호주 달러, Brazilian Real브라질 레알화, Canadian Dollar캐나다 달러, Chinese Renminbi중국 인민화, Indian Rupee인도 루피화, Japanese Yen일본 엔화, Pound Sterling영국 파운드화, Singapore Dollar싱가포르 달러, Swedish Krona스웨덴 크로나, Swiss Franc스위스 프랑 등 각국의 여러 화폐 이름도 접하게 됩니다.

⑪ **Annualized Return** 연환산 수익률

⑫ **Total Return** 총수익률

주식수익률은 주가가 올라서 생기는 수익과 배당수익으로 이루어지며, 총수익률은 이 둘을 합한 수익입니다.

⑬ **Fund Flow** 펀드플로우

펀드로 유출입되는 자금을 알려줍니다.

Chapter 4

IPO, SPAC 관련 용어

nyse.com
nasdaq.com
spactrack.io

▶ 주주지혜님의 설명 영상을
참고하세요.

이번 챕터에서는 IPO기업공개 정보를 얻는 방법과 관련 용어를 알아볼게요. IPO는 Initial Public Offering, 비상장 기업의 기업공개를 뜻합니다. Private Company비공개기업의 주식을 주식시장에서 Public대중에게 처음으로 발행하는 거죠. 이 IPO 정보는 나스닥nasdaq.com, 뉴욕 거래소nyse.com 등에서 확인할 수 있습니다. 회사 주식은 주식시장에 IPO 되기 전에는 일반인이 정보를 얻기도 어렵고, 투자를 하기도 쉽지 않습니다. IPO가 되면서 기업의 많은 정보들이 일반인에게 비로소 오픈됩니다.

nasdaq.com에서 IPO 캘린더 항목에 가면 월별로 예정되어 있는 IPO 종목 리스트를 확인할 수 있습니다. Price는 공모가인데, 공모가가 아직 정해지지 않은 경우 상하단 범위로 나옵니다. Shares는 발행주식 수, Offer Amount는 총예상 IPO 규모입니다. 관심있는 종목을 클릭하면 S-1 Filing을 비롯, IPO 관련 정보를 볼 수 있습니다.

아쉬운 점은 국내에서 미국 기업 IPO에 참가하는 것은 불가능하다는 것입니다. 즉, 공모에 참가해 공모가로 배정을 받는 것은 불가능해요. 미국 기업 IPO에 청약하려면 미국 증권 계좌를 개설해야 하는데, 미국에 거주하지 않으면 미국 내 은행에 계좌를 개설할 수 없기 때문입니다. 따라서 IPO 정보는 상장되는 기업 정보를 파악하는 용도로 활용하고, 상장 후 주식 매매를 통해 해당 주식을 사야 합니다. 미국의 IPO에 꼭 참여하고 싶다면 간접적으로 투자하는 방법이 있는데요, 바로 미국 증시에 상장된 SPACSpecial Purpose Acquisition Company, 기업 인수만을 목적으로 하는 상장기업 주식을 사서 미래 성장이 유망한 비상장기업에 투자하는 것이죠. 단, SPAC의 특성상 어떤 기업을 인수할지는 미리 알 수 없다는 점도 알아두세요.

▼ 권장사항 | nyse.com, nasdaq.com, spactrack.io에 접속하여 화면과 같이 직접 따라 하며 학습해 보세요.

IPO 관련 용어

1 | 뉴욕 거래소 홈페이지(nyse.com)에서 IPO 관련 정보 찾기

뉴욕 거래소New York Stock Exchange 홈페이지(nyse.com)에서 검색창에 ipo를 치면 IPO 관련 항목들이 나오는데요, 그중 IPOs | Recent IPO Filings, Calendar of …를 클릭합니다.

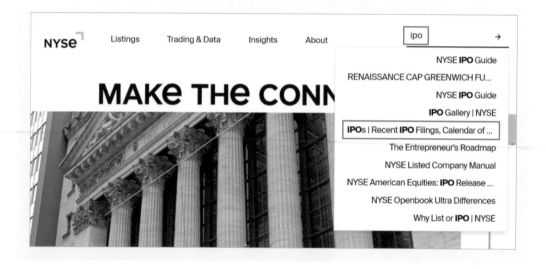

클릭 후 나오는 화면에서 아래로 스크롤하면 나오는 정보입니다.

⑪ **Amended Deals**

AMENDED DATE	ISSUER	TICKER	INDUSTRY	BOOKRUNNER(S)	EXCHANGE	CURR. AMT. FILED ($MM)	CURR. SHRS. FILED (MM)	CURR. FILE PRICE/RANGE($)

LAST UPDATED: February 22nd 2022, 4:10 pm Source: IPREO

⑫ **Filed Deals**

FILE DATE	ISSUER	TICKER	INDUSTRY	BOOKRUNNER(S)	EXCHANGE	CURR. AMT. FILED ($MM)	CURR. SHRS. FILED (MM)	CURR. FILE PRICE/RANGE($)

LAST UPDATED: February 22nd 2022, 4:10 pm Source: IPREO

⑬ **Withdrawn Deals**

DATE W/P	ISSUER	TICKER	INDUSTRY	BOOKRUNNER(S)	AMT. FILED ($MM)	SHRS. FILED	STATUS

① **Expected Deals** 예상되는 IPO 목록

IPO가 예상되었다가 철회되는Withdrawn 경우도 종종 있습니다.

② **EXPECTED DATE** 상장 예정일

③ **ISSUER** 발행 기업 또는 상장될 기업

④ **TICKER** 티커

⑤ **INDUSTRY** 산업군

⑥ **BOOKRUNNER(S)** IPO 주관사(투자은행)

Bookrunner는 IPO를 주관하는 투자은행입니다. GS골드만삭스, JPM제이피모건, BAML메릴린치 등 낯익
은 이름들을 볼 수 있습니다.

⑦ **EXCHANGE** 상장될 거래소

⑧ **CURR.AMT.FILED ($M)** IPO 총예상규모

⑨ **CURR.SHRS.FILED (M)** IPO 발행주식 수

⑩ **CURR.FILE.PRICE/RANGE ($)** 공모가격/범위

⑪ **AMENDED DEALS** IPO 관련 변경된 사항이 있는 기업

⑫ **Filed Deals** 신규상장을 확정하고 신고서를 접수한 기업

⑬ **Withdrawn Deals** 기업공개를 철회한 기업

IPO 일정을 나스닥 홈페이지(nasdaq.com)에서도 확인할 수 있습니다. nasdaq.com > Market Activity > Market Events로 들어가, IPO Calendar를 선택합니다.

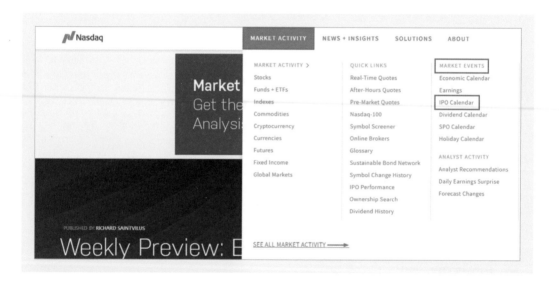

그러면 세부적인 IPO 일정을 볼 수 있습니다.

Upcoming

Symbol	Company Name	Exchange/ Market	Price	Shares	Expected IPO Date ▼	Offer Amount
EMCGU	Embrace Change Acquisition Corp.	NASDAQ Global	10.00	7,500,000	03/29/2022	$86,250,000

LAST UPDATED: 03/24/2022* · Source: EDGAR® Online

Priced

Symbol	Company Name	Exchange/ Market	Price	Shares	Date ▼	Offer Amount	Actions
VMCAU	Valuence Merger Corp. I	NASDAQ Global	10.00	20,000,000	03/01/2022	$200,000,000	Priced
SPCMU	Sound Point Acquisition Corp I, Ltd	NASDAQ Global	10.00	22,500,000	03/02/2022	$225,000,000	Priced
SHUAU	SHUAA Partners Acquisition Corp I	NASDAQ Global	10.00	10,000,000	03/02/2022	$100,000,000	Priced

2 | S-1 리포트에서 IPO 관련 단어 살펴보기

2021년 가장 핫했던 IPO, 리비안Rivian의 S-1 리포트를 보면서 IPO 관련 중요 단어를 알아보겠습니다. 앞서 'Chapter 2 재무제표 관련 용어'에서 다뤘던 sec.gov에 들어가서 Filings > Company Filings Search 항목에 Rivian을 치면 관련 기업들이 아래에 나열되는데요, 티커가 RIVN인 기업을 더블 클릭합니다. 아래와 같이 보이는 화면에서 Latest Filings > View filings를 클릭하면 Rivian Automotive의 모든 공시 파일이 나옵니다.

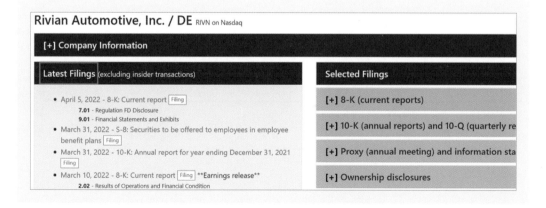

Filings에서 가장 최근에 공시된 S-1/A의 Documents를 클릭합니다. A~Amendment~가 붙으면 원래 파일의 업데이트 버전입니다. Amendment가 '수정'이라는 뜻이니까요. SEC에 추가로 제출하는 서류를 Amendment라고 합니다. 보통 SEC 서류 이름에 A가 붙으면 추가로 등록된, 업데이트된 서류입니다.

Form type	Form description	Filing date	Reporting date
8-K	Current report Filing	2021-11-16	2021-11-15
	5.03 - Amendments to Articles of Incorporation or …		
	8.01 - Other Events (The registrant can use this Ite…		
	9.01 - Financial Statements and Exhibits (Financial …		
424B4	Prospectus [Rule 424(b)(4)] Filing	2021-11-12	
S-8	Securities to be offered to employees in employee benefit plans Filing	2021-11-10	
SEC STAFF LETTER	SEC Staff Letter Filing	2021-11-09	
EFFECT	Notice of Effectiveness Filing	2021-11-09	
S-1MEF	Registration adding securities to prior Form S-1 registration [Rule 462(b)] Filing	2021-11-09	
CERT	Form - CERT Filing	2021-11-09	
8-A12B	Registration of securities [Section 12(b)] Filing	2021-11-08	
CORRESP	Correspondence Filing	2021-11-08	
CORRESP	Correspondence Filing	2021-11-08	
CORRESP	Correspondence Filing	2021-11-05	
S-1/A	General form for registration of securities under the Securities Act of 1933 - *amendment* Filing	2021-11-05	
CORRESP	Correspondence Filing	2021-11-04	
UPLOAD	SEC-generated letter Filing	2021-11-04	

리비안의 S-1/A 커버 페이지입니다.

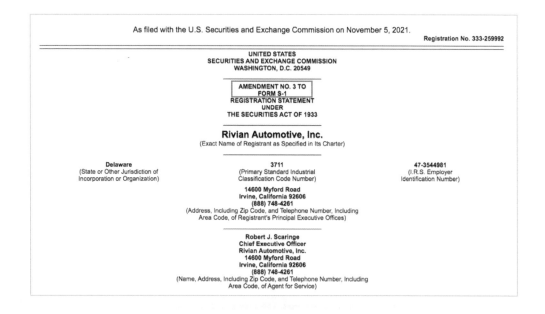

* **AMENDMENT NO.3 TO FORM S-1** S-1 신고서의 세 번째 수정된 자료

  2021년 11월 5일에 제출되었죠.

* **Registration No.** 등록번호

REGISTRATION FEE등록 수수료 정보 부분입니다.

① **Title of Each Class of Securities To Be Registered** 등록될 증권 종류

통상 보통주Common Stock입니다. 이 주식의 경우, 현재 주당가치Par Value per Share는 $0.001입니다.

② **Shares to Be Registered** 상장하는 총주식 수

(1)에 보면 이 주식 수는 "that may be sold if the option to purchase additional shares of Class A common stock granted by the Registrant to the underwriters is exercised"라고 되어 있는데요, 초과배정옵션*Overallotment(Greenshoe) Option에 대한 이야기입니다. 주관사는 주식이 초과배정될*Oversubscribed 것을 대비하여 총등록할 주식 수의 15%까지 초과로 배당할 수 있는 옵션을 달아놓습니다. 리비안의 경우도 15% 초과배정옵션을 상정했네요.

＊**Overallotment(Greenshoe) Option** 초과배정옵션

초과배정된 공모주의 매수 권리입니다. 상장할 주식이 예상보다 인기가 많아서 초과배정된 경우, 주관사는 회사로부터 추가로 15%까지 IPO 가격으로 물량을 확보할 수 있도록 합니다. 기업은 자금을 초과하여 조달할 수 있고, 주관사는 초과물량만큼 유통수수료를 받을 수 있으며, 일반 투자자는 IPO 가격으로 주식을 더 매입할 수 있으니 모두에게 긍정적인 효과를 줍니다.

＊**Oversubscribed** 초과배정된

원래 예정된 물량보다 투자자들이 더 많은 관심을 보인 경우입니다. 이러한 경우에는 기업공개 첫날 IPO 가격보다 높은 가격에 시장이 열릴 확률이 높습니다.

③ **Proposed Maximum Aggregate Offering Price per Share** 예상 IPO 가격 상단

주관사는 IPO 하기 전 수요조사를 하는데, 그에 따라 가격의 범위가 상정됩니다. 리비안의 경우, 상당히 핫했던 IPO라 S-1/A에 표시된 가격이 지난 S-1/A(No.2)의 가격보다 상승했음을 볼 수 있습니다.

④ **Proposed Maximum Aggregate Offering Price** 예상 IPO 최대 규모

총주식 수 곱하기 공모가의 가장 높은 가격(상단 가격)입니다.

⑤ **Amount of Registration Fee** 등록수수료

공모 규모에 따라 달라집니다. 공모 규모가 크면 등록수수료도 커집니다.

커버 페이지 하단에 나온 주관사Underwriter 명단입니다. Morgan Stanley, Goldman Sachs, JPM 등 주요주관사Lead Underwriter를 포함하여 20개가 넘는 주관사가 참여합니다.

The underwriters expect to deliver the shares of Class A common stock to purchasers on   , 2021.

Morgan Stanley	**Goldman Sachs & Co. LLC**	**J.P. Morgan**
Barclays	**Deutsche Bank Securities**	**Allen & Company LLC**
BofA Securities	**Mizuho Securities**	**Wells Fargo Securities**
Nomura	**Piper Sandler**	**RBC Capital Markets**
Baird		**Wedbush Securities**
Academy Securities	**Blaylock Van, LLC** **Cabrera Capital Markets LLC**	**C.L. King & Associates**
Loop Capital Markets	**Ramirez & Co., Inc.** **Siebert Williams Shank**	**Tigress Financial Partners**

Prospectus dated   , 2021.

---

⑥ **Underwriter** IPO 주관사

주식시장이나 채권시장에서 회사의 자금을 조달해주는 역할을 하는 브로커 회사입니다. 보통 투자은행이죠. 회사로부터 주식이나 채권을 사서 시장에서 파는 역할을 하죠.

*Lead Underwriter 주요주관사

주관사 중 Syndicate를 관할하고 참여자들의 주식할당을 결정하고, 거래가 원활하게 이루어지도록 하는 역할을 맡은 투자은행을 말합니다.

*Prospectus Summary 보고서 요약

쭉 스크롤해 내리다 보면 리비안의 자동차 제품 사진, 목차가 나오고, 이어서 Prospectus Summary보고서 요약 부분이 나옵니다. 여기에는 기업의 목적, 비즈니스, 산업, 장기성장계획, 자금조달 현황, 리스크, 기업 정보 등이 요약되어 있습니다.

아래는 Prospectus Summary 중 이번 IPO와 관련한 물량 등이 정리된 표의 일부입니다.

---

⑦ **THE OFFERING**

⑧ Class A common stock offered by us	135,000,000 shares.
Option to purchase additional shares of Class A common stock	20,250,000 shares.
⑨ Class A common stock to be outstanding after this offering	854,170,652 shares (or 874,420,652 shares if the underwriters exercise their option to purchase additional shares of Class A common stock in full).
Class B common stock to be outstanding after this offering	7,825,000 shares.
Total Class A and Class B common stock to be outstanding after this offering	861,995,652 shares (or 882,245,652 shares if the underwriters exercise their option to purchase additional shares of Class A common stock in full).
⑩ Indication of interest	Prior to the date hereof, the cornerstone investors have indicated an interest in purchasing up to an aggregate of $5.0 billion of shares of our Class A common stock in this offering at the initial public offering price (including $200.0 million of shares of Class A common stock which Amazon has indicated an interest in purchasing). These indications of interest have been made severally and not jointly. The shares of Class A common stock to be purchased by the cornerstone investors will not be subject to a lock-up agreement with the underwriters for this offering.

---

⑦ **THE OFFERING** 기업공개사항

⑧ **Class A Common Stock Offered By Us** 총상장 보통주 물량

총상장 물량은 1억 3,500만 주인데, Option to Purchase Additional Shares of Class A Common Stock추가매수가능물량이 그것의 15%인 2,025만 주죠. 즉, 앞에서 설명한 Overallotment Option초과배정옵션입니다.

> *Class A/Class B 클래스 A/클래스 B
>
> 주식은 의결권 수준에 따라 클래스가 나뉩니다. Class A가 Class B보다 의결권이 높습니다. 이번 리비안 IPO에서 제공되는 주식은 Class A Common Stock(클래스A 보통주)입니다.

⑨ **Class A Common Stock to Be Outstanding After This Offering**

이번 IPO 이후 총보통주

회사, 혹은 회사 내부자, IPO 이전에 회사에 투자한 Pre-IPO 투자자들이 보유하고 있는 주식 물량 모두의 합이죠.

⑩ **Indication of Interest (IOI)** 투자자 관심도 표시

본 IPO를 통한 자금조달이나 자산 인수에 대해 관심을 표한 투자자에 대해 미리 언질을 주는 내용입니다. 법적 구속력이 있는 것은 아니나 상당한 중요성이 있다고 판단되는 내용에 대해서만 기입합니다.

⑪ **Voting Rights** 의결권

> Class A common stock at any time and will convert automatically upon certain transfers and in certain other circumstances as described in our amended and restated certificate of incorporation. See "Description of Capital Stock."
>
> Immediately following the completion of this offering, all outstanding shares of our Class B common stock will be held by an affiliate of Robert J. Scaringe and represent approximately 8.4% of the voting power of our outstanding capital stock following this offering, assuming no exercise of the underwriters' option to purchase additional shares. See the section titled "Description of Capital Stock" for additional information.

⑫– Use of proceeds

> We estimate that we will receive net proceeds from this offering of approximately $7,922 million (or $9,112 million if the underwriters exercise their option to purchase additional shares of Class A common stock in full), based upon an assumed initial public offering price of $59.50 per share (which is the midpoint of the price range set forth on the cover page of this prospectus) and after deducting estimated underwriting discounts and commissions and estimated offering expenses payable by us.
>
> We currently intend to use the net proceeds from this offering for working capital, to fund growth and for other general corporate purposes. We will have broad discretion in the way that we use the net proceeds of this offering. See the section titled "Use of Proceeds" for additional information.

⑬– Directed Share Program

> At our request, the underwriters have reserved up to 7.0% of the shares offered by us in this offering, for sale at the initial public offering price through a directed share program to:
>
> - eligible U.S. customers who had a standing preorder for an R1T or R1S as of September 30, 2021, and prior to this offering either (i) have an active eligible preorder or (ii) have accepted delivery of their preordered vehicle; and
>
> - persons who are directors, officers or employees, or who are otherwise associated with us and identified by our officers and directors.
>
> If demand for the program exceeds capacity, we will allocate shares on a pro-rata basis among all eligible participants in the directed share program. Eligible participants who meet more than one criteria, or have placed a preorder for more than one Rivian vehicle, will

⑫ **Use of Proceeds** 조달자금 사용목적

상장을 통해 조달되는 자금을 어디에 쓰려고 하는지 S-1 자료에 설명하는 내용인데요, 공모주에 관심 있다면 반드시 살펴봐야 하는 부분입니다.

⑬ **Directed Share Program** 우선배정 주식프로그램

회사가 발행주의 일정 부분을 회사 임원이나 경영진, 직원 등에게 우선 배정한 부분입니다. 리비안의 경우 7%를 배정했네요.

not be entitled to a greater participation in the program as a result. Any shares sold under the directed share program will not be subject to the terms of any lock-up agreement, except in the case of shares purchased by our officers or directors.

The number of shares of Class A common stock available for sale to the general public will be reduced to the extent that such persons purchase such reserved shares. Any reserved shares not so purchased will be offered by the underwriters to the general public on the same basis as the other shares offered by this prospectus.

(14) Risk factors

See the section titled "Risk Factors" and the other information included in this prospectus for a discussion of factors you should carefully consider before deciding to invest in shares of our Class A common stock.

(15) Proposed Nasdaq symbol

"RIVN"

The number of shares of our common stock to be outstanding after this offering is based on 719,170,652 shares of Class A common stock and 7,825,000 shares of Class B common stock outstanding as of June 30, 2021, after giving effect to the Transactions (as defined below), and excludes:

- 66,754,294 shares of Class A common stock issuable upon the exercise of stock options outstanding under the 2015 Long-Term Incentive Plan (the "2015 Plan") as of June 30, 2021, with a weighted-average exercise price of $11.68 per share;

- 465,000 shares of Class A common stock issuable upon the exercise of stock options outstanding under the 2015 Plan granted subsequent to June 30, 2021, with a weighted-average exercise price of $39.5803 per share;

- 22,534,308 shares of Class A common stock issuable upon the vesting and settlement of restricted stock units ("RSUs") outstanding under the 2015 Plan as of June 30, 2021;

- 12,038,797 shares of Class A common stock issuable upon the vesting and settlement of RSUs granted under the 2015 Plan subsequent to June 30, 2021;

- 8,321,072 shares of Class A common stock issued to Forever by Rivian, Inc., a 501(c)(4) social welfare organization, to fund and support our social impact initiative in connection with the completion of this offering (see "Business—Forever" for additional information) based upon an initial public offering price of $59.50 (which is the midpoint of the price range set forth on the cover page of this prospectus). Each $1.00 increase or decrease in the assumed initial public offering price per share of $59.50 (which is the midpoint of the price range set forth on the cover page of this prospectus) would increase or decrease, as applicable, the Class A common stock issued to Forever by Rivian, Inc. by approximately 6,000 shares;

- 7,519,482 shares of Class A common stock issuable upon the exercise of warrants outstanding as of June 30, 2021, with an exercise price of $5.72 per share (the "Global Oryx Warrants");

- 3,723,050 shares of Class A common stock issuable upon the exercise of a warrant outstanding as of June 30, 2021, with an exercise price of $9.09 per share, which warrant is exercisable to purchase shares of our Series C preferred stock (the "Series C Warrant") and will automatically convert to a warrant to purchase an equivalent number of shares of our Class A common stock upon the completion of this offering (the "Preferred Warrant Conversion");

(14) **Risk Factor** 위험요인

(15) **Proposed Nasdaq Symbol** 제안하는 주식시장 심볼

주식시장에서 사용되는 티커죠. 우리나라 주식시장의 기업 번호는 여섯 자리 숫자이고, 미국 주식시장에서는 영어 알파벳으로 나타냅니다. 리비안은 RIVN입니다.

기타 S-1 보고서가 담고 있는 내용 및 IPO 관련 많이 쓰이는 단어들입니다.

① **Dividend Policy** 배당정책

② **Capitalizaion** 시가총액

자금 조달 후 시가총액이 어떻게 될 것인지에 대한 예상을 설명한 부분입니다.

③ **Pro Forma** 예상견적

이 단어가 상당히 많이 나오는데요, 투자자들에게 IPO 이후 조정되는 자본가치 견적을 상세히 알려줍니다.

④ **Dilution** 희석

IPO 이후 주식이 희석되는 부분에 대하여 상세히 설명합니다.

⑤ **Certain Relationships and Related Party Transactions** 특정 관계인 거래 현황

IPO 이전에 받은 투자, 자금조달(Equity Financing, Common Stock Financing, Notes Financing 등) 및 신주발행 합의, 의결권합의 등에 대한 내용입니다.

⑥ **Description of Capital Stock** 자본금 설명

이 기업의 현재 자본금에 대한 상세한 설명입니다. 아래는 이와 관련된 몇 가지 용어들입니다.

⑦ **Conversion** 전환 가능한 주식

⑧ **Right to Receive Liquidation Distribution** 회사 청산Liquidation 시 주주의 권리에 대한 설명

⑨ **Warrants** (워런트) 정해진 기간 내에 주식을 매입Call Warrant 혹은 매도Put Warrant할 수 있는 권리

옵션Option과 달리 워런트Warrant는 주식을 희석하는 효과가 있습니다.

⑩ **Convertible Promissory Notes** 전환약속어음

보통주로 전환가능한 어음입니다. 회사가 발행한 전환어음에 대해 상세하게 설명합니다.

⑪ **Stock Option** 스톡옵션. 투자자가 정해진 시간과 정해진 가격에 주식을 사고팔 수 있는 권리

회사가 임직원에게 일정 수량의 주식을 일정한 가격으로 살 수 있는 권한을 줌으로써, 기업이 성장하여 주식 가격이 오르면 그 차익을 볼 수 있게 하는 보상제도로 많이 이용됩니다.

⑫ **Add-On Offering** 추가 증자

상장 기업이 주식시장에서 추가로 자금 조달하는 경우입니다.

⑬ **Allocation** 할당

IPO 물량 중 이미 투자자에게 팔린 물량을 말합니다.

⑭ **ADR (American Depositary Receipts)** 미국 거래소에 상장된 미국 외 기업의 상장 증권

⑮ **Due Diligence** 실사

공시 보고서 작성에 관여한 당사자의 진술이 사실이고 중요한 사실이 누락되지 않았다고 믿을 수 있는 근거를 위해 실시하는 합리적인 조사입니다. IPO뿐만 아니라 투자자들이 투자 전에도 기업 혹은 펀드에 대한 Due Diligence를 반드시 수행합니다.

⑯ **Insiders** 내부자

경영진, 임원, 대주주 등 회사의 공개되지 않은 정보를 알고 있는 집단을 말합니다.

⑰ **Issue Price (Offering Price)** IPO 가격

⑱ **Lockup Period** 의무보호예치기간

상장 이후 내부자들은 시장에서 상당 기간 보유주식을 팔지 못하도록 되어 있는데, 그 기간을 말합니다. 내부자의 매도는 시장에 안 좋은 신호를 보내므로, 상장 직후 그러한 신호를 보내는 것을 막고 외부 투자자를 보호하기 위해서 두는 기간입니다.

⑲ **Venture Capital** 신생기업(스타트업)에 투자하는 자금

벤처캐피탈 회사들은 상장되지 않은 회사에 투자를 하여 지분을 확보합니다.

⑳ **Withdrawal** 상장철회

㉑ Tranche 트란쉐

규모가 큰 미국 기업이 외국 기업의 IPO를 진행할 때, 여러 국가에 IPO 물량이 팔리는 경우 각 국에 팔리는 부분을 지칭합니다.

㉒ Treasury Stock 자사주

회사가 발행했다가 다시 매입한 주식입니다. 배당 및 의결권이 없습니다.

㉓ Offering Date 기업공개일

IPO 첫날을 말합니다.

㉔ Offering Rate IPO 가격 범위

주관사의 시장조사를 통해 IPO 가격의 범위를 정합니다.

㉕ Outstanding Shares 기업이 발행한 주식 중 내부자가 보유하고 있거나 시장에 유통되는 주식 수

㉖ IPO Subscription 신규상장청약

투자자가 IPO에 참여하는 것을 Subscribe라고 합니다.

㉗ Go Public 주식을 공개하다

IPO를 통해 프라이빗 회사가 주식시장에 처음으로 주식을 공개하는 과정을 말합니다.

㉘ Float 거래가 가능한 주식

상장되었다고 해도 Lock-Up에 걸린 물량 등은 거래가 되지 않죠. Lock-Up은 투자자들을 보호하기 위해 IPO 이후 내부자나 일정 기관투자자들의 주식 매각을 일정 기간 제한하는 것을 말합니다.

㉙ Road Show 로드쇼

'Dog and Pony Show'라고도 합니다. 회사가 IPO를 준비하는 과정에서 투자자들의 관심을 끌기 위해 잠재적 투자자, 즉 기관투자자, 애널리스트, 펀드매니저 등을 초대하여 회사 관련 정보를 제공하는 투어입니다. 본사 공장 등을 방문하는 등의 일정도 포함됩니다.

SPAC 관련 용어

1 | spactrack.io에서 SPAC 정보 찾기

SPAC track 웹사이트에서는 상장된 모든 SPAC Special Purpose Acquisition Company주들의 리스트를 제공합니다. SPAC의 현재 위치Status, 합병대상 등의 기본적인 정보가 나와 있습니다. SPAC은 기업 인수합병을 목적으로 설립하여 주식시장에 상장된 페이퍼 컴퍼니(실체 없이 서류상으로만 존재하며, 자회사를 통해 영업활동을 하는 기업)로, 2년 안에 다른 회사를 합병하는 것을 목적으로 합니다. 주식시장에 상장되어 있어 거래가 자유롭지만, 합병에 대한 그림이 구체적으로 나오기 전에는 이 SPAC이 어떤 회사를 합병할지 모르므로 SPAC주는 가격의 변화가 거의 없습니다. IPO된 주식이지만 실제로 어떤 기업을 합병할지에 대한 정보는 없으므로, Blank Check Company백지수표 회사라고도 합니다. 지금부터 SPAC과 관련한 기본 단어들을 알아보겠습니다.

SPAC track 웹사이트에 접속하여 Data Tools > Spac Screener의 경로로 들어가면, 아래 화면이 나옵니다.

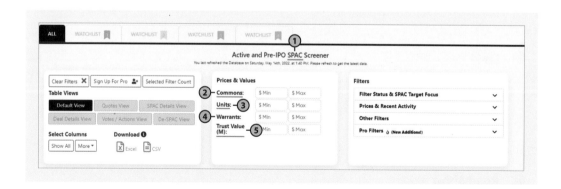

① **SPAC (Special Purpose Acquisition Company)** 기업인수목적회사

인수합병 대상Target Company인 비상장기업의 인수합병을 목적으로 설립하여 상장된 회사입니다. 보통 전문성 있는 투자회사Sponsors가 설립하여 일정 기간(2년) 내에 우량업체를 인수하는 것을

조건으로 기관투자자 혹은 개인투자자로부터 투자자금을 모읍니다. 통상은 이미 인수합병 대상을 그려놓고 있지만 공개하지는 않습니다. 이렇게 설립된 SPAC은 거래소에 상장되고, 인수합병 대상을 찾아내 정해진 기간 내에 인수를 성사해야 합니다. 상장되는 데 걸리는 시간이나 요구조건이 전통적인 IPO를 거치는 것보다 낮은 데다, 최근 SPAC에 대한 개인투자자들의 관심이 높아지면서 인기를 끌고 있죠.

② **Commons** SPAC 보통주

유닛에서 분리되어 나오는 경우가 많습니다.

③ **Units** 유닛

SPAC 공모투자자들이 매수하는 것으로, 한 유닛당 10달러입니다(요즘 IPO 종목들을 보면 주당 10달러 혹은 그 언저리에서 거래되는 경우가 많은데, 대부분 스팩주인 경우가 많아요). 유닛은 보통 1보통주와 1/2워런트(신주인수권)로 구성되어 있어요(워런트는 1워런트, ¼ 워런트 등 다양합니다). 워런트 행사 가격Warrant Strike Price은 IPO 가격에 프리미엄이 붙어 형성되는데 보통 주당 11.50달러입니다.

④ **Warrants** (워런트) 신주인수권

투자자가 향후 정해진 가격에 매수할 수 있는 권리입니다. 보통은 IPO 가격에 프리미엄이 붙습니다. 보통 *De-SPAC Merger가 완료되었거나 SPAC IPO가 완료된 후 일정 기간이 지난 다음에 행사할 수 있습니다.

* **De-SPAC Merger** SPAC의 합병

SPAC의 합병을 이르는 말입니다. SPAC이 설립되면 2년 안에 합병 대상 기업을 찾아 합병을 마무리해야 합니다. 대략 다음과 같은 과정에 의해 De-SPAC Merger가 이루어집니다. ① 합병 대상 기업 물색Searching, ② Letter of IntentLOI, ③ Due Diligence실사, ④ 합병. SPAC에는 몇 가지 단계가 있는데, 각 단계에 따라 주가가 크게 달라지니까 유의하세요. 상장 이후에는 보통 상장가인 10달러에서 큰 변화가 없다가 합병 대상 기업에 대한 정보가 나오기 시작하면 주가가 움직입니다.

⑤ **Trust Value (M)** 관리자금(백만)

SPAC IPO로 조달하여 신탁계좌*Trust Account에서 관리하고 있는 자금입니다. 이자가 붙어서 IPO 자금보다 약간 높습니다.

* **Trust Account** 신탁계좌

SPAC으로 조달된 자금이 보관되는 신탁 계좌입니다. 이자가 붙기 때문에 시간이 지나면서 자금은 이자율만큼 늘어나며, 투자자가 자금을 뺄 경우Redemption 줄어들기도 합니다.

화면을 아래로 스크롤하여 내리면 SPAC 리스트를 관련 기본정보와 함께 확인할 수 있습니다.

Showing 1 to 10 of 984 entries					
Ticker	SPAC Ticker/Name	⑥ Status	⑦ SPAC Target Focus	⑧ Merger Partner
AAC	AAC Ares Acquisition Corporation	Searching		[In talks (unconfirmed) with Equinox Hol...
AACE	AACE Alexandria Agtech/Climate Innovation Acquisition Corp.	Pre IPO	Agtech and Climate Tech	
AACI	AACI Armada Acquisition Corp. I	Definitive Agreement Rezolve	Fintech	Rezolve [DA: 2021-12-17]
AACO	AACO Advancit Acquisition Corp. I	Withdrawn	Media, Consumer Tech	

⑥ **Status** 현재 상태

현재 SPAC의 상태를 표시합니다. 합병 대상 물색Searching, 기업공개 이전Pre IPO, 철회Withdrawn, 유닛분할이전*Pre Unit Split, 투자의향서*LOI(Letter of Intent), 최종계약*Definitive Agreement(DA)(이 경우에는 합병 대상 기업의 이름이 표시됩니다) 등.

***Pre Unit Split** 유닛분할이전

유닛이 보통주와 워런트로 분할되기 이전을 말합니다.

***LOI(Letter of Intent)** 투자의향서

SPAC과 잠재적인 합병 대상 간의 계약으로 기본적인 거래 조건Basic Terms of a Deal을 정하고 실사 Due Diligence 절차를 시작하기 위해 서명한 것입니다. SPAC은 한 번에 여러 대상 기업Target Company 과 LOI를 체결할 수 있으며, LOI가 합병이 임박했다는 것을 뜻하는 것은 아닙니다. 실사 기간 동안 또 는 협상 결렬로 인해 거래가 무산될 수 있습니다. LOI가 구속력이 있는 경우도 있으나Binding, SPAC 및 합병 대상자 모두가 다른 기회도 가질 수 있도록 하기 위해 대부분의 경우 구속력이 없습니다Non-Binding. 따라서 보통 SPAC이 LOI를 발표하는 경우는 거의 없지만, LOI를 발표하는 경우에는 보통 구속력을 갖는다고 보면 됩니다.

***Definitive Agreement (DA)** 최종계약

SPAC과 합병 대상 기업 간에 합병을 진행하기로 하는 계약입니다. DA가 발표되면 De-SPAC 절차 가 시작됩니다.

⑦ **SPAC Target Focus** SPAC 합병 대상 기업 주요업종

SPAC이 합병하고자 하는 기업이 주로 어느 업종인지 알려줍니다. 헬스케어, 핀테크, 환경 등 향후 전도유망한 업종이 주를 이루는 것을 볼 수 있습니다.

⑧ **Merger Partner** 합병 대상 기업

Target이라고도 합니다.

오른쪽으로 스크롤하면 보이는 화면입니다.

	Ticker	⑨ Prom. Sponsor	Trust Value (M)	Mkt. Cap	⑩ Unit & Warr. Det.	⑪ Comm. Price
▮ rget Con Current Ticker ounced)		David Kaplan (Co-Founder/Director, Ares ...	$1,000.165	$984,000,000	U: [1/5 W]; W: [1:1, 11.5]	$9.84
▮	AACE		$250.000		U: [1/4 W]; W: [1:1, 11.5]	
▮	AACI	Stephen Herbert (Former CEO of USAT)	$150.004	$203,988,575	U: [1/2 W]; W: [1:1, 11.5]	$9.85
▮	AACO	Jonathan Miller (Fmr CEO, AOL; Fmr Chair...	$350.000		U: [1/3 W]; W: [1:1, 11.5]	

⑨ **Prom. (Prominent) *Sponsor** 주요 스폰서

스폰서 기업의 대표나 임원들의 이름입니다.

> ***Sponsors** SPAC 설립주체
>
> 사모펀드회사, 자산운용사, 투자은행 전문가, 혹은 산업 전문가 등 자금을 조달하고 매력적인 합병 대상 기업을 찾을 만한 능력이 되는 주체입니다. SPAC의 합병 대상이 발표되기 전에는 기업에 대한 정보가 없기 때문에 투자자들은 이 SPAC의 설립주체에 대한 신뢰를 바탕으로 투자합니다. 합병 인수 대상을 잘 찾는 능력, 밸류에이션을 합당하게 매기는 능력이 되는 Sponsor라면 좀 더 긍정적으로 투자를 검토할 수 있겠죠.

⑩ **Unit & Warr. Det. (Unit and Warrant Details)** 유닛의 구성정보

예를 들어 U:[1/2W], W[1:1, 11.5]는 1유닛이 ½ 워런트를 포함하며, 그 워런트의 행사가격은 11.5달러라는 말입니다.

⑪ **Comm. Price** 보통주 주가

상장된 SPAC의 현재 주가입니다.

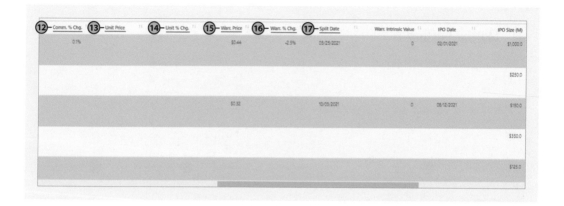

⑫ **Comm. % Chg.** 보통주 어제 1일 주가 수익률

⑬ **Unit Price** 유닛 가격

⑭ **Unit % Chg.** 유닛 가격 어제 1일 수익률

⑮ **Warr. Price** 워런트 가격

⑯ **Warr. % Chg.** 워런트 가격 어제 1일 수익률

⑰ **Split Date** 유닛 분할 날짜

보통 IPO 이후 45~60일입니다.

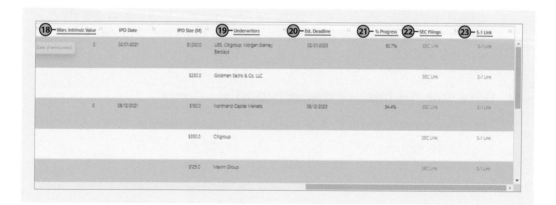

⑱ **Warrant Intrinsic Value** 워런트의 내재가치

⑲ **Underwriter** 주관사

⑳ **Est. Deadline** 예상 데드라인, 예상 시한

SPAC 상장 이후 De-SPAC Merger SPAC의 합병을 마쳐야 하는 데드라인, 예상 시한입니다. 보통 SPAC 상장 이후 2년입니다.

㉑ **% Progress** 진행 정도

데드라인까지 현재 어느 정도 진행되었는지 알려줍니다. 데드라인이 가까울수록 퍼센티지가 높 겠죠.

㉒ **SEC Filings** SEC 공시파일

SEC의 해당 SPAC 공시화면으로 연결됩니다.

㉓ **S-1 Link** S-1 연결

SEC에 공시된 S-1 문서(IPO 문서)로 연결됩니다.

SPAC과 관련하여 많이 보이는 단어가 PIPE인데요, PIPE Private Investment in Public Equity는 거래되는 주 식에 대한 사모투자입니다. SPAC이 합병 과정에서 추가로 자금조달이 필요할 때는 벤처캐피탈 등 기 관투자자로부터 투자를 받아 PIPE 딜을 하게 됩니다. PIPE투자는 SPAC투자에서 매우 중요한 부분 이며, 이것이 없는 SPAC은 드뭅니다.

아래는 SPAC주 티커 예입니다. 기본 보통주에 유닛이나 워런트, 라이트가 파생됩니다.

Example SPAC: CCIV
Commons: CCIV
Units: CCIV-UT Or CCIVU
Warrants: CCIV-WT Or CCIVW
Rights: CCIVR

spactracker.io 검색창에 CCIV를 검색하면 다음과 같은 정보를 볼 수 있습니다. SPAC은 상장 이후 이름을 바꾸는 경우가 많은데요, CCIV 역시 현재는 이름이 바뀌어 LCID입니다.

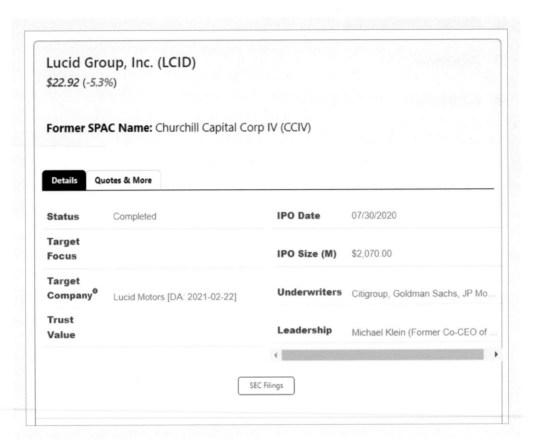

Lucid Group, Inc. (LCID)
$22.92 (-5.3%)

Former SPAC Name: Churchill Capital Corp IV (CCIV)

Details	Quotes & More

Status	Completed	**IPO Date**	07/30/2020
Target Focus		**IPO Size (M)**	$2,070.00
Target Company[0]	Lucid Motors [DA: 2021-02-22]	**Underwriters**	Citigroup, Goldman Sachs, JP Mo...
Trust Value		**Leadership**	Michael Klein (Former Co-CEO of ...

SEC Filings

Chapter 5

기업가치평가
seekingalpha.com

▶ 주주지혜님의 설명 영상을
참고하세요.

개인투자자들이 기관투자자에 비해 본질적으로 갖는 여러 가지 열세가 있는데 가장 중심은 투자자와 기업 간 정보의 비대칭입니다. 개인투자자가 기업의 정보, 혹은 시장의 정보를 기관투자자만큼 갖기에는 구조적인 어려움이 있는데, 그중 하나가 정보 중재자인 애널리스트에 대한 접근성입니다. 애널리스트의 역할은 기업과 투자자 간의 정보 비대칭을 완화해 주는 것입니다. 중간자로서 기업 및 산업에 대해 분석하고 그것을 투자자에게 알려주는 거죠. 실제로 기관투자자들은 애널리스트와 밀접한 관계를 맺고 있습니다. 반면 자금력이 부족한 개인투자자의 애널리스트 접근성은 아주 낮습니다. 우리나라에서는 애널리스트 보고서가 무료로 공개되지만 미국은 그렇지 않아요. 해당 증권사와 거래하지 않으면 애널리스트 보고서를 볼 수 없죠. 미국에서는 이러한 개인투자자들의 정보 비대칭을 줄이기 위해 여러 웹사이트들이 주식 정보를 제공하고 있는데, 그중에서 대중에게 많이 알려진 사이트가 바로 Seeking Alpha입니다.

Seeking Alpha는 미국 개인투자자들이 많이 이용하는 웹사이트입니다. 미국 주식시장이 워낙 크다 보니 개인투자자들을 위한 웹사이트도 우리나라와 비교할 수 없을 정도로 발달되어 있는데, 그중에서도 가장 큰 웹사이트죠. 2004년 월가 출신 애널리스트가 만든 것으로, 2021년 기준 유료가입자가 1,000만 명이 넘는 등 주식투자와 관련해 활발한 정보이동이 이루어지고 있죠. Seeking Alpha 내 애널리스트(SA Authors라고 부릅니다)들의 투자노트가 활발히 공유되며, 각 종목의 퀀트*Quant 정보도 풍부합니다.

* Quant: 수학, 통계적 기법을 이용한 주식 등의 자산 분석 방식입니다. 수학·통계에 기반해 투자모델을 만들거나 금융시장 변화를 예측하고, 컴퓨터 알고리즘을 설계해 투자에 활용합니다.

▼ **권장사항** | seekingalpha.com에 접속하여 화면과 같이 직접 따라 하며 학습해 보세요.

Seeking Alpha 전체 그림 살펴보기

대부분의 정보는 단계별로 유료로 제공되는데, 기본 월정액 20~30달러만으로도 많은 정보를 얻을 수 있으니 미국 주식 투자 규모가 크신 분들은 적극적으로 이용해보시기 바랍니다. 단, 이 책에서는 무료 기준으로 설명했습니다.

주식 관련 데이터를 제공하는 몇몇 웹사이트에서는 나의 증권계좌와 연계하여 포트폴리오를 구축하고 정보를 얻을 수 있는 기능을 제공합니다. Seeking Alpha에서도 마찬가지로 나의 증권계좌를 연계하거나 주식현황을 따로 등록하여 포트폴리오를 운용할 수 있습니다. 홈페이지(seekingalpha.com)에 접속하여 상단 우측 'Subscribe'를 클릭하여 가입합니다. 유료 가입을 원하지 않으면 Basic을 선택한 후 Register등록을 선택하면 됩니다. My Portfolio > Portfolio 1을 클릭하고, 가지고 있는 주식을 등록하여 나만의 포트폴리오를 짜보세요.

1 | My Portfolio 내 포트폴리오

보통 포트폴리오라고 하면 구직 때 제출하는 사진, 그림 등의 작품집이라는 의미로 많이 쓰이죠? 투자에서는 위험 대비 수익을 극대화하기 위해 분산투자하는 여러 종목 혹은 여러 자산의 집단을 말합니다. My Portfolio 섹션에서는 본인의 포트폴리오를 꾸릴 수 있고, 한 개 이상(여러 개 가능)의 포트폴리오를 구축해 놓고 모니터링할 수 있습니다.

아래는 임의로 Portforlio 1을 구성한 예시입니다. My Portfolio > Portfolio 1> Holdings를 클릭하면 아래 화면이 나옵니다.

① **Link Portfolio** 포트폴리오 연결

본인의 증권계좌에 있는 실제 포트폴리오와 연결해서 포트폴리오를 관리할 수 있습니다. 증권계좌 포트폴리오 정보가 그대로 연동되어 업데이트됩니다.

② **Symbol** 심볼 = Ticker

③ **Price** 주가

④ **Change** 전날종가 대비 주가 변화

⑤ **Changes %** 전날종가 대비 주가 변화율

⑥ **Shares** 보유주식 수

⑦ **Cost** 주식 매입 가격

⑧ **Today's Gain** 오늘의 이익

Gain은 이익이라는 뜻인데, 손실이 날 경우 -로 표시합니다. 우리나라는 +일 경우 빨간색으로, -일 경우 파란색으로 표시하지만 해외 사이트는 반대입니다.

⑨ **Today's % Gain** 종목별 혹은 포트폴리오 전체의 오늘 수익률

⑩ **Total Change** 총손익

해당 종목 매입 시기부터 현재까지 손익을 가리킵니다.

⑪ **Total % Change** 해당 종목 매입시기부터(혹은 포트폴리오 개시일부터) 현재까지 총수익률

⑫ **Value** 현재 해당 주식 보유가치(주가 × 보유주식 수)

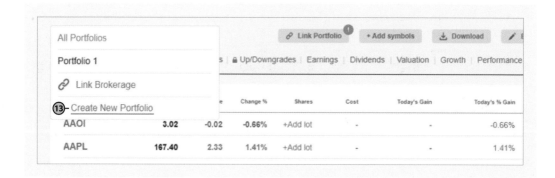

⑬ **Create New Portfolio** 새 포트폴리오 생성

Portforlio 1의 버튼을 클릭하면 나오며, 새 포트폴리오를 만들 때 사용합니다. 'Big Tech' 'Dividend' 'Smallcap' 등 여러 가지 포트폴리오를 주제별로 만들어 놓으면 관심종목을 관리하기 편합니다.

포트폴리오 하단에서는 포트폴리오 종목 관련 뉴스, 투자노트, 공시 등을 볼 수 있습니다.

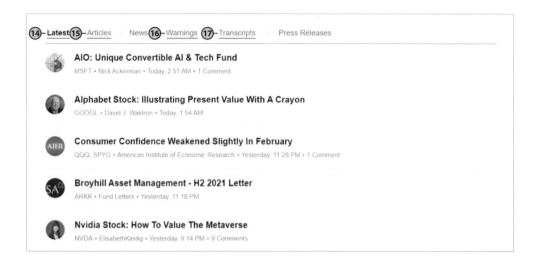

⑭ **Latest** 가장 최근

SA Author(씨킹알파 내 전문 애널리스트)들의 최근 투자노트를 볼 수 있습니다.

⑮ **Articles** 아티클, 투자노트

SA Author들의 종목 분석글을 볼 수 있습니다.

⑯ **Warnings** 경고

기업은 투자자들에게 기업에 닥친 위험, 혹은 손실 등을 투자자들에게 공시하는데, 그 정보가 여기에 나옵니다.

⑰ **Transcripts** 글로 옮긴 기록

보통 Earning Call Transcript로 쓰입니다. 기업이 실적을 발표할 때 투자자에게 사장 등의 경영진이 직접 발표하는 것을 어닝콜Earnings Call이라고 하는데, 그것을 담은 기록입니다. 애널리스트 및 투자자들이 참석하여 함께 질의응답을 진행하는 경우가 많습니다.

아래 화면은 Transcripts를 클릭했을 때 나오는 화면입니다. 이 화면에서 자주 나오는 단어를 살펴보겠습니다.

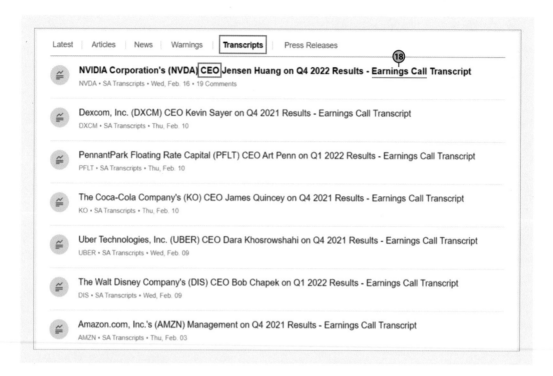

⑱ **Earnings Call** 어닝콜

주식시장에 상장된 기업이 분기별로 실적을 발표하고, 이후 기업 운영의 전망을 내놓는 행사입니다. 어닝콜할 때 C-Level Management들 중 일부(주로 CEO, CFO)가 참석합니다. 아래는 C-Level Management 관련 단어들입니다. 기업 관련 뉴스를 읽을 때도 많이 등장하는 단어들이니 잘 살펴보세요.

· **C-Suite, C-Level Management** 기업의 가장 높은 직책에 해당하는 경영진

Chief의 앞 글자 C를 딴 것으로 Chief는 '우두머리, 장'이라는 뜻이죠. 각 부문별 장을 지칭합니다. 어닝콜에는 보통 CEO, CFO가 기본적으로 참석하고, 회사 산업 특징에 따라 다른 C-Level 경영진이 참석하기도 합니다.

· **CEO Chief Executive Officer** 기업경영 최고책임자 = 사장

C-Level 중에서도 가장 높은 책임자죠. 기업 운영의 최종 책임을 갖고 있는 사람입니다.

· **CFO Chief Finance Officer** 최고재무책임자

기업의 재무, 회계 관련 모든 사항을 총괄합니다. CEO, COO와 함께 기업에서 가장 책임있는 자리입

니다. 특히 CFO는 회계 및 기업의 파이낸싱을 책임지기 때문에 CFO가 회사를 떠나는 경우 이를 악재로 받아들이는 투자자가 많습니다.

· **COO Chief Operating Officer** 최고운영책임자

기업의 내부의 사업을 총괄하며 운영관련 각종 일상의 업무를 처리하는 책임자입니다. 기업의 살림을 책임지는 사람이죠. CFO, CEO와 함께 기업에서 가장 책임 있는 자리입니다.

CEO, CFO, COO 이외에도 회사에서 중요한 부분에 책임이 있는 자리에 C-를 붙이는데, 아래는 그중 몇 가지 예시입니다. 보통 부문장에게는 Head라는 타이틀을 붙이는데, Chief는 그보다 더 높은 단계, 더 책임 있는 자리라고 보면 됩니다.

· **CTO Chief Technology Officer** 기술담당 최고책임자

최근 기업의 기술역량이 중요한 부분을 차지하다 보니 역시 중요한 직책인데요, 특히 테크놀로지 기업에서는 그 중요성이 더하죠. CIOChief Information Officer라고도 합니다.

· **CIO Chief Investment Officer** 투자담당 최고책임자

금융기업, 특히 자산운용사에서 CIO는 투자 관련 최고 책임자로서 그 무게가 무겁습니다.

· **CMO Chief Marketing Officer** 마케팅담당 최고책임자

· **CSO Chief Sustainability Officer** 지속가능성 담당 최고 책임자

최근 ESG, 지속가능성에 대한 중요성이 커지다 보니 CSO를 따로 두는 기업도 있습니다. CGOChief Green Officer라고도 합니다.

2 | Top Stocks 최고 순위 종목

Seeking Alpha에는 각 종목의 점수를 내는 기준이 세 가지 있습니다. Seeking Alpha 작가SA Authors, 월가 애널리스트Wall Street, 퀸트Quant 점수가 그것인데요, 이들에 근거하여 종목 스크리닝Stock Screening을 통해 카테고리별 최고 순위 종목들의 리스트를 뽑을 수 있습니다.

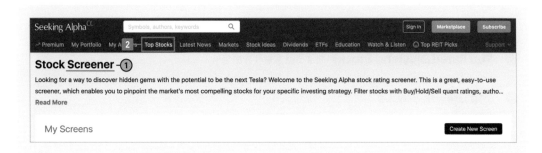

Seeking Alpha Screens

Unlock All Screens

②— Top Rated Stocks 🔒	Stocks rated as Strong Buy or Buy across Quant, SA Author and Sell-Side ratings	74 Results
Top Quant Dividend Stocks 🔒	Stocks with high Quant ratings for Dividend Safety, Dividend Growth, Dividend Yield and Dividend Consistency.	39 Results
Top Yield Monsters 🔒	Stocks yielding above 6% with a Quant Rating of Strong Buy or Buy	36 Results
③— Top Rated Dividend Stocks 🔒	Stocks yielding above 2% and rated as Strong Buy or Buy across Quant, SA Author and Sell-Side ratings	99+ Results
④— Top Growth Stocks 🔒	Stocks with a market cap of $1B or more, a growth grade of A+, and a Quant rating of Strong Buy or Buy	99+ Results
⑤— Top Value Stocks 🔒	Stocks with a market cap of $1B or more, a Value grade of A or A+, and a Quant rating of Strong Buy or Buy	73 Results
⑥— Top Small Cap Stocks 🔒	Top rated stocks across Quant, SA Author and Sell Side ratings with a market cap below $1 Billion.	85 Results
⑦— Top Stocks by Quant 🔒	All stocks in the Quant universe ranked by quant score.	99+ Results
⑧— Strong Buy Stocks With Short Squeeze Potential 🔒	Stocks with a Quant Rating of Strong Buy and high potential for a short squeeze	21 Results

① **Screener** 스크리너

각종 종목별 주식 정보가 들어있는 웹사이트에서는 'Screener'라는 항목을 많이 볼 수 있는데요, 내가 관심 있는 종목 리스트를 뽑기에 유용한 항목입니다. 'Screen'에는 '가림막, 가리다, 검사하다' 등 여러 뜻이 있는데요, 그 중 '체로 거르다'라는 뜻도 있습니다. 주식시장에 상장된 종목이 수천 개인데 그중 몇 가지 기준을 세워 내가 필요한 종목 리스트를 거르는 방식이죠. Seeking Alpha에서는 기본적으로 몇 가지 종목의 스크리닝을 제공합니다. 본인의 투자관심사에 따라 기준을 바꿀Customize 수 있습니다. 단, 종목을 보려면 유료 결제를 해야 합니다.

② **Top Rated Stocks** 전반적인 점수가 높은 종목

퀀트, SA 작가SA Authors, 월가 애널리스트 점수Wall Street Analyst Rating, 밸류에이션Valuation, 성장성Growth, 수익성Profitability, 모멘텀Momentum, EPS 조정EPS Revision 점수가 높은 종목들을 걸러냅니다.

③ **Top Rated Dividend Stocks** 배당 관련 점수가 높은 종목

④ **Top Growth Stocks** 성장성 점수가 높은 종목

⑤ **Top Value Stocks** 밸류에이션 점수가 높은 종목

⑥ **Top Small Cap Stocks** 소형주 중 퀀트 점수가 높은 종목

⑦ **Top Stocks By Quant** 퀀트 점수가 높은 종목

퀀트는 주식투자에서 많이 쓰이는 방법으로 숫자에 기반한 투자 방법입니다. 종목의 매수매도 시기를 고를 때, 혹은 투자하고 싶은, 투자를 피하고 싶은 종목을 고를 때 일정한 기준을 세워두고 그에 맞는 종목을 탑다운Top-Down 방식으로 고르는 방식이죠. 기업의 성장성, 이익성, 가격 모멘텀, 밸류에이션 등 여러 항목의 기준을 통과하는, 혹은 종합 점수를 매겨서 점수가 높은 종목에 투자하는 방식으로 이루어집니다.

⑧ **Strong Buy Stocks with Short Squeeze Potential** 퀀트 점수가 높은 종목 중 공매도가 많이 이루어진 종목

Short Squeeze는 공매도Short Selling가 많이 되었던 종목의 투자자들이 쇼트 포지션을 커버Short Cover해야 하는 상황이 급격하게 일어나서 주식 가격이 상승하는 상황을 말합니다. Short Squeeze가 일어나면 공매도 투자자들의 손실은 더 커지죠.

Seeking Alpha 개별 종목 정보

Seeking Alpha에서 개별종목별로 얻을 수 있는 정보에 대해 알아보도록 할게요. Seeking Alpha의 강점은 각 종목을 자세히 분석하는 다수의 개인 투자자들의 의견을 계량화하여 퀸트Quant 점수와 함께 보여준다는 것입니다. 퀸트는 전문운용사라면 반드시 분석에 염두에 두는 중요한 부분으로, 요즘에는 개인들도 퀸트에 많은 관심을 갖고 있어요. 특히 미국 주식 관련 종목을 다루는 웹사이트에서는 퀸트 정보를 많이 다룹니다. Seeking Alpha에서는 자체적으로 꽤 상세한 퀸트 점수를 제공하고 있습니다. 세계적인 음료 기업인 코카콜라를 예로 들어 설명할게요. 홈페이지 제일 상단 검색 창에 Coca-Cola 나 티커명인 KO를 검색하면 아래 화면을 볼 수 있습니다. 코카콜라 기업을 현재 추종하는 사용자 수 는 29만 3,000명이 넘네요293.04K Followers.

1 │ **Summary** 요약

① **Press Releases** 기업이 언론에 제공하는 공식적인 정보

Press는 '언론', Release는 '제공하다'라는 뜻이죠.

②　**Related Analysis** 관련 분석

③　**More Headlines** 관련 뉴스 기사

④　**52 Week Range** 52주간 주가 변동 범위

⑤　**Day Range** 일간 주가 변동 범위

⑥　**EPS(FWD)** 향후 12개월 EPS 추정치

⑦　**PE(FWD)** 향후 12개월 EPS 추정치 기반 PER

⑧　**Div Rate(FWD)** 향후 12개월 주당 배당금

⑨　**Yield(FWD)** 향후 12개월 주당배당금 기반 배당수익률

⑩　**Short Interest** 공매도잔량(비율)

원래 의미는 '공매도잔량'입니다만, 여기서는 유동주식 수 중 현재 공매도된 물량 비중을 말합니다. 시장이나 종목에 대한 투자자들의 심리를 반영합니다. 2022년 2월 10일 기준 구글의 Short Interest는 0.36%인 반면, 2020년 초반 Short Squeeze로 가격이 폭등했던 Game Stop의 Short Interest는 15%네요. Game Stop의 공매도 투자자가 구글에 비해 훨씬 많음을 알 수 있습니다.

⑪　**Market Cap** 시가총액

⑫　**Volume** 거래량

아래로 내려가 Rating Summary 부분을 보겠습니다. 잠금 표시가 된 부분들은 유료로 결제하면 볼 수 있습니다.

⑬ **Ratings Summary** 평가 요약

Seeking Alpha 작가들SA Authors, 월가 애널리스트들*Wall Street의 퀀트Quant 점수를 보여줍니다. 단, 이 항목은 유료 결제 항목입니다. Seeking Alpha 작가들의 정보를 어떻게 볼 수 있는지는 'Unit 3. Seeking Alpha 애널리스트 자료 살펴보기'에서 설명할게요.

물음표 클릭했을 때 → Disclaimer고지사항**, Voluntary Disclaimer**자발적인 고지사항

주식정보를 제공하는 웹사이트나 리포트에는 반드시 Disclaimer가 명시되는데, 주요 골자는 "우리가 제공하는 정보를 이용하는 사람들의 손익에 대하여 책임지지 않는다."라는 뜻입니다. 향후 법적인 책임을 지지 않기 위해 Forward-Looking Statement미래 관련 언급를 하는 정보의 경우 이러한 Disclaimer를 문서에 반드시 포함합니다. 이것은 투자자가 본인의 투자결정을 내릴 때 인지하고 있어야 하는 내용입니다. 특히 이렇게 공개된 장소(웹사이트)의 정보 제공자는 개별 투자자의 현재 자금력, 투자위험 선호도 등을 모르기 때문에 여기서 나온 정보는 투자자가 본인에 맞게 재설계하여 이용해야 합니다.

＊Ratings 평가

Analyst Rating, Quant Rating 등 각종 점수를 매긴 것을 Rating이라고 합니다. 보통 애널리스트 평가는 Strong Buy, Buy, Hold, Sell, Strong Sell 이렇게 매깁니다.

＊Wall Street 월가

굳이 사무실이 월가에 위치하고 있지 않다 하더라도 미국 주식시장에서 일하는 사람들, 펀드매니저, 애널리스트, 뱅커 등을 지칭할 때 Wall Street라고 많이 합니다. 일종의 고유명사죠. 우리나라에서 '여의도'와 비슷한 의미이죠.

⑭ **Factor Grades** 팩터 등급

Factor는 밸류에이션Valuation, 성장성Growth, 수익성Profitability, 모멘텀Momentum, 이익조정Revisions 등 주가를 설명하는 여러 요소를 말합니다. 각 요소별로 등급을 매긴 것이 Factor Grades 항목에 나옵니다. Seeking Alpha에서는 이 등급을 요소별로 A+부터 F까지 매깁니다.

⑮ **Company Profile** 기업 소개

Summary 자료의 많은 단어는 앞장에서 설명된 부분과 겹치므로 생략하고, 아래로 스크롤하여 보이는 부분에 있는 단어 하나 보고 갈게요.

⑯ Capital Structure

Market Cap	$284.90B
Total Debt	$42.14B
Cash	$10.36B
Other	$2.00B
Enterprise Value	$318.68B

⑯ **Capital Structure** 기업의 자본구성

기업이 자본을 조달하는 방법은 크게 두 가지입니다. 투자를 받거나 자금을 차입하는 거죠. 이러한 자본 구성을 가리키는 말입니다.

Financials재무 항목과 Earnings어닝 항목의 내용은 앞의 Chapter 1에서 대부분 다루었으니 여기서는 Dividends배당 항목으로 넘어가겠습니다.

2 │ Dividends 배당

Seeking Alpha에서는 배당 퀀트 분석도 상세하게 제공하는데요, 아래 화면은 검색창에 KO코카콜라를 검색하여 나온 Dividends 항목입니다.

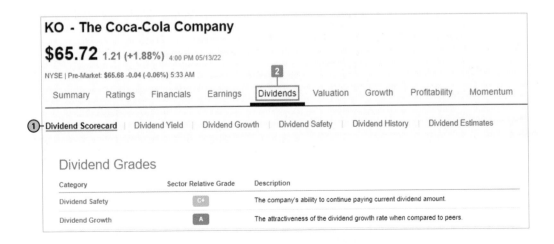

KO - The Coca-Cola Company

$65.72 1.21 (+1.88%) 4:00 PM 05/13/22

NYSE | Pre-Market: $65.68 -0.04 (-0.06%) 5:33 AM

Summary Ratings Financials Earnings **Dividends** Valuation Growth Profitability Momentum

① Dividend Scorecard │ Dividend Yield │ Dividend Growth │ Dividend Safety │ Dividend History │ Dividend Estimates

Dividend Grades

Category	Sector Relative Grade	Description
Dividend Safety	C+	The company's ability to continue paying current dividend amount.
Dividend Growth	A	The attractiveness of the dividend growth rate when compared to peers.

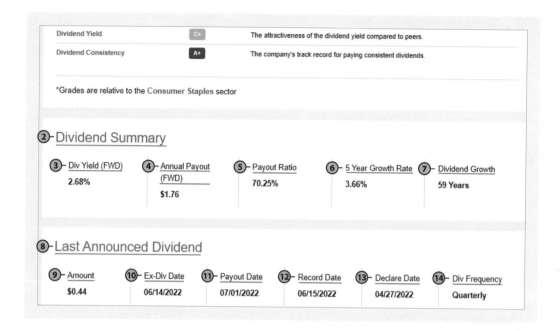

| Dividend Yield | C+ | The attractiveness of the dividend yield compared to peers. |
| Dividend Consistency | A+ | The company's track record for paying consistent dividends. |

*Grades are relative to the Consumer Staples sector

② Dividend Summary

③ Div Yield (FWD)
2.68%

④ Annual Payout (FWD)
$1.76

⑤ Payout Ratio
70.25%

⑥ 5 Year Growth Rate
3.66%

⑦ Dividend Growth
59 Years

⑧ Last Announced Dividend

⑨ Amount
$0.44

⑩ Ex-Div Date
06/14/2022

⑪ Payout Date
07/01/2022

⑫ Record Date
06/15/2022

⑬ Declare Date
04/27/2022

⑭ Div Frequency
Quarterly

① **Dividend Scorecard** 배당 평가표

Scorecard는 평가표, 평점표라는 뜻입니다. 기업의 배당을 Dividend Safety배당 안정성, Dividend Growth배당 성장성, Dividend Yield배당수익률, Dividend Consistency배당 일관성 등 네 가지 세부 항목으로 나누어 퀀트 분석한 결과를 보여줍니다.

· **Dividend Safety** 배당 안정성
현재 배당금을 지속할 수 있는 능력을 나타낸 것입니다.

· **Dividend Growth** 배당 성장성
동종 업계 내 배당 성장률 매력도를 나타낸 것입니다.

· **Dividend Yield** 배당 수익률
동종 업계 내 배당 수익률 매력도를 나타낸 것입니다.

· **Dividend Consistency** 배당 일관성
과거 배당금 지급의 꾸준함 정도를 나타낸 것입니다.

② **Dividend Summary** 배당 요약

③ **Div Yield (FWD)** 향후 12개월간 배당수익률

④ **Annual Payout (FWD)** 향후 12개월간 주당 배당금

⑤ **Payout Ratio** 배당성향

⑥ **5 Year Growth Rate** 5년간 (주당 배당금) 성장률

⑦ **Dividend Growth** 배당 성장률

⑧ **Last Announced Dividend** 마지막으로 공시된 배당

마지막으로 공시된 배당에 관한 정보를 보여줍니다.

⑨ **Amount** 주당 배당금

다음은 배당과 관련하여 알아둬야 할 날짜들입니다.

⑩ **Ex-Div Date (Ex-Dividend Date)** 배당락일

배당을 받을 권리가 없어지는 날이에요. 배당이 떨어졌다고(떨어질 落) 해서 배당락일이라고 합니다. 배당기준일 1영업일 이전일입니다.

⑪ **Payout Date** 배당지급일

배당금을 지급하는 날입니다.

⑫ **Record Date** 배당기준일

이날을 기준으로 주주로 등록되어 있어야 배당금을 받을 수 있습니다. 주주로 기록이 되는 데 2영업일이 걸리기 때문에 배당기준일 2일 전에는 주식을 매수한 상태여야 배당을 받을 수 있죠.

⑬ **Declare Date** 배당발표일

이번 분기 배당을 발표한 날짜입니다. 보통은 분기자료를 발표할 때 함께 발표합니다.

⑭ **Div Frequency** 배당금지급 빈도

대부분의 미국 기업은 분기배당Quarterly을 합니다. 간혹 월배당Monthly하는 리츠REITS도 있습니다. 반기배당은 Semi-Annually로, 연배당은 Annually로 표시합니다.

Dividend Yield배당수익률 항목을 클릭하면 배당수익률 그래프 외에 다른 Yield 그래프를 볼 수 있습니다.

Dividend Grades

Category	Sector Relative Grade	Description
Dividend Safety	C+	The company's ability to continue paying current dividend amount.
Dividend Growth	A	The attractiveness of the dividend growth rate when compared to peers.
Dividend Yield	C+	The attractiveness of the dividend yield compared to peers.
Dividend Consistency	A+	The company's track record for paying consistent dividends.

*Grades are relative to the Consumer Staples sector

거기서 볼 수 있는 용어를 살펴볼게요. Yield는 영단어 뜻이 말해 주듯, 이 주식이 투자자에게 가져다 줄 수익률이 현 주가 대비 어떠한지를 직관적으로 알려주는 지표입니다.

Dividend Yield Grade

KO Dividend Yield Grade C+

	Sector Relative Grade	KO	Sector Median	% Diff. to Sector	KO 5Y Avg.	% Diff. to 5Y Avg.
4 Year Average Dividend Yield	B+	3.15%	2.37%	32.80%	1.09%	190.06%
Dividend Yield (TTM)	B-	2.59%	2.23%	16.07%	3.16%	-18.27%
Dividend Yield (FWD)	B-	2.68%	2.42%	10.74%	3.21%	-16.56%
1 Year Yield on Cost ─⑮	A-	3.11%	2.23%	39.18%	3.36%	-7.42%
3 Year Yield on Cost	B+	3.46%	2.55%	35.47%	3.63%	-4.68%
5 Year Yield on Cost	A	3.89%	2.63%	47.55%	3.87%	0.54%
⑯ Earnings Yield Non-GAAP (TTM)	D+	3.68%	5.06%	-27.26%	4.10%	-10.26%
Earnings Yield Non-GAAP (FWD)	C-	3.76%	4.87%	-22.74%	3.94%	-4.53%
⑰ Operating Earnings Yield (TTM)	D	4.18%	7.76%	-46.10%	4.74%	-11.70%
Operating Earnings Yield (FY1)	D-	4.26%	8.16%	-47.82%	4.81%	-11.51%
⑱ Free Cash Flow Yield (TTM)	C	3.61%	4.78%	-24.60%	3.50%	2.95%
Free Cash Flow Yield (FY1)	C-	3.76%	4.86%	-22.66%	3.49%	7.83%

⑮ **Yield on Cost** 주가 대비 배당금 비율

1 Year Yield on Cost는 1년 전 주가 대비 최근 1년간의 배당금 비율입니다. Dividend Yield 가 현재 주가 대비 배당금 비율이라면, Yield on Cost는 1년 전에 내가 매수한 주가 대비 현재 배당금의 비율이죠. 예를 들어 5년 전 애플을 1,000만 원어치 매수했다면, 그것의 약 2.77%(5 Year Yield on Cost)인 27만 7,000원을 최근 1년간 배당금으로 받은 셈입니다(물론 세금은 따로 계산해야 합니다).

⑯ **Earnings Yield** 주가 대비 이익

PER은 기업의 이익 대비 주가 비율이지요? Earnings Yield는 PER의 분자와 분모가 바뀐 것입니다. 기업이 벌어들인 이익 대비해서 현 주가가 어떠한지 나타내는데, 보통 100을 곱해서 %로 나타내 이자율과 비교합니다. 즉, 현 주가로 봤을 때 이 기업의 주가 대비 이익이 시장 이자율보다 높은지 낮은지를 판단하는 데 쓰이죠.

⑰ **Operating Earnings Yield** 주가 대비 영업이익

⑱ **Free Cash Flow Yield** 주가 대비 자유현금흐름

이 기업의 주가 대비 자유현금흐름이 어떠한지를 살펴봅니다. 역시 이자율과 비교하여 투자 여부를 판단할 때 쓰입니다.

3 | Valuation 밸류에이션

이번에는 구글Google(티커명 GOOGL)로 검색해 살펴볼게요. 구글의 정식 회사명은 Alphabet입니다. Valuation밸류에이션을 측정하는 기준은 여러 가지인데, 대부분은 앞 장에서 설명했으니, 겹치지 않는 부분만 한 군데 짚고 넘어가겠습니다. 밸류에이션 항목의 그레이드 항목은 유료 결제 항목입니다.

Valuation Grade and Underlying Metrics

GOOGL Valuation Grade 🔒

	Sector Relative Grade	GOOGL	Sector Median	% Diff. to Sector	GOOGL 5Y Avg.	% Diff. to 5Y Avg.
P/E Non-GAAP (TTM)	D	20.99	14.04	49.51%	28.18	-25.50%
P/E Non-GAAP (FWD)	C	20.55	16.73	22.80%	27.73	-25.89%
P/E GAAP (TTM)	🔒	20.99	17.15	22.38%	34.11	-38.47%
P/E GAAP (FWD)	🔒	20.63	18.28	12.84%	28.19	-26.83%
PEG GAAP (TTM)	🔒	0.44	0.44	0.00%	-	NM
PEG Non-GAAP (FWD)	🔒	1.00	1.18	-15.53%	1.52	-34.42%
EV / Sales (TTM)	🔒	5.27	2.20	139.86%	5.94	-11.16%
EV / Sales (FWD)	🔒	4.76	2.21	115.79%	5.33	-10.69%
EV / EBITDA (TTM)	🔒	14.88	9.77	52.35%	18.97	-21.56%
EV / EBITDA (FWD)	🔒	11.75	8.37	40.49%	14.18	-17.11%
EV / EBIT (TTM)	🔒	17.31	16.77	3.20%	24.21	-28.48%
EV / EBIT (FWD)	🔒	16.28	14.80	9.99%	22.67	-28.18%
Price / Sales (TTM)	🔒	5.70	1.45	294.02%	6.68	-14.63%
Price / Sales (FWD)	🔒	5.11	1.36	275.60%	5.96	-14.30%
Price / Book (TTM)	🔒	6.02	1.79	236.18%	5.38	11.96%
Price / Book (FWD)	🔒	5.45	2.12	157.12%	4.91	11.01%
Price / Cash Flow (TTM)	🔒	15.68	8.41	86.53%	19.00	-17.48%
Price / Cash Flow (FWD)	🔒	13.98	9.10	53.57%	17.74	-21.20%
Dividend Yield (TTM)	🔒	-	3.15%	-	-	-

① **GAAP(Generally Accepted Accounting Principles)** 일반적으로 인정된 회계원칙

GAAP 혹은 US GAAP이라고 부릅니다. 회계는 기업의 상태 및 경영 전반을 상세히 알 수 있도록 만든 일종의 언어죠. 따라서 반드시 그 문법이 있습니다. 전 세계 대부분의 나라들은 IFRSInternational Financial Reporting Standards라는 국제적 회계기준에 따라 회계를 작성합니다. 우리 나라도 IFRS를 따르죠. 미국은 US GAAP을 따르는데, IFRS와 세부 기준에서 몇 가지 차이가 있습니다. 미국도 IFRS를 따르라는 권고가 잠시 있었지만, 미국 기업이 전 세계의 반 이상을 차지하다 보니 미국은 IFRS를 따르지 않고 US GAAP을 그냥 가져가게 되었습니다.

＊**Non-GAAP Earnings** 예상견적 어닝

기업들은 GAAP Earning 이외에 예상견적Pro Forma 어닝을 발표하기도 하는데요, 그걸 Non-

GAAP Earnings라고 합니다. 간혹 기업들은 단발성 손익이 발생하기도 하는데요, 그걸 감안한 어닝인 거죠. 때로는 Non-GAAP Earnings가 현실을 더 잘 반영하기 때문에 투자자들이 반드시 살펴보는 항목이기도 합니다.

4 │ **Growth** 성장성

다음은 Growth 항목을 클릭하여 자세히 살펴보겠습니다. Growth는 기업의 성장성을 보여주는 여러 지표들인데요, 전년도 대비 최근 연도 성장률YoY: Year on Year, 향후 1년간의 추정 연평균 성장률FWD: Forward, 연평균 장기 성장률3-5 Y CAGR(3년 혹은 5년의 연평균 성장률) 등을 보여줍니다.

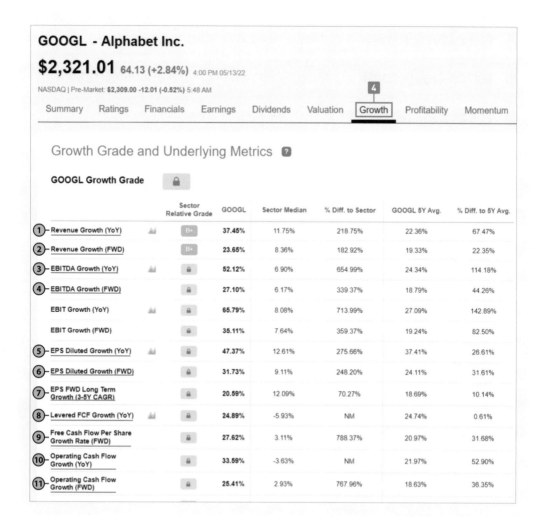

	Sector Relative Grade	GOOGL	Sector Median	% Diff. to Sector	GOOGL 5Y Avg.	% Diff. to 5Y Avg.
① Revenue Growth (YoY)	B+	37.45%	11.75%	218.75%	22.36%	67.47%
② Revenue Growth (FWD)	B+	23.65%	8.36%	182.92%	19.33%	22.35%
③ EBITDA Growth (YoY)	🔒	52.12%	6.90%	654.99%	24.34%	114.18%
④ EBITDA Growth (FWD)	🔒	27.10%	6.17%	339.37%	18.79%	44.26%
EBIT Growth (YoY)	🔒	65.79%	8.08%	713.99%	27.09%	142.89%
EBIT Growth (FWD)	🔒	35.11%	7.64%	359.37%	19.24%	82.50%
⑤ EPS Diluted Growth (YoY)	🔒	47.37%	12.61%	275.66%	37.41%	26.61%
⑥ EPS Diluted Growth (FWD)	🔒	31.73%	9.11%	248.20%	24.11%	31.61%
⑦ EPS FWD Long Term Growth (3-5Y CAGR)	🔒	20.59%	12.09%	70.27%	18.69%	10.14%
⑧ Levered FCF Growth (YoY)	🔒	24.89%	-5.93%	NM	24.74%	0.61%
⑨ Free Cash Flow Per Share Growth Rate (FWD)	🔒	27.62%	3.11%	788.37%	20.97%	31.68%
⑩ Operating Cash Flow Growth (YoY)	🔒	33.59%	-3.63%	NM	21.97%	52.90%
⑪ Operating Cash Flow Growth (FWD)	🔒	25.41%	2.93%	767.96%	18.63%	36.35%

⑫ ROE Growth (YoY)	📊	🔒	30.03%	-6.11%	NM	20.99%	43.06%
⑬ ROE Growth (FWD)		🔒	14.64%	1.10%	1,236.53%	2.42%	504.74%
⑭ Working Capital Growth (YoY)		🔒	-0.67%	-2.00%	NM	7.86%	NM
⑮ CAPEX Growth (YoY)		🔒	28.20%	22.03%	28.00%	23.54%	19.80%
⑯ Dividend Per Share Growth (FY1)		🔒	NM	4.71%	NM	-	-
⑰ 1 Year Dividend Growth Rate (TTM)		🔒	-	2.92%	-	-	-

① **Revenue Growth (YoY)** 지난 1년간 매출액 성장률

② **Revenue Growth (FWD)** 향후 1년간 매출액 예상 성장률

③ **EBITDA Growth (YoY)** 지난 1년간 법인세, 이자, 감가상각비 차감 전 영업이익 성장률

④ **EBITDA Growth (FWD)** 향후 1년간 법인세, 이자, 감가상각비 차감 전 영업이익 예상 성장률

⑤ **EPS Diluted Growth (YoY)** 지난 1년간 희석 주당순이익 성장률

⑥ **EPS Diluted Growth (FWD)** 향후 1년간 희석 주당순이익 예상 성장률

⑦ **EPS FWD Long Term Growth (3-5Y CAGR)** 향후 3~5년간 연평균 EPS 예상 성장률

⑧ **Levered FCF Growth (YoY)** 지난 1년간 부채반영 잉여현금흐름 성장률

⑨ **Free Cash Flow per Share Growth Rate (FWD)** 향후 1년간 자유현금흐름 예상 성장률

⑩ **Operating Cash Flow Growth (YoY)** 지난 1년간 영업현금흐름 성장률

⑪ **Operating Cash Flow Growth (FWD)** 향후 1년간 영업현금흐름 예상 성장률

⑫ **ROE Growth (YoY)** 지난 1년간 ROE 성장률

⑬ **ROE Growth (FWD)** 향후 1년간 ROE 성장률

⑭ ***Working Capital Growth (YoY)** 지난 1년간 운전자본 성장률

*Working Capital 운전자본

유동자산Current Asset에서 유동부채Current Liability를 공제한 것을 운전자본이라고 합니다. 이것은 기업의 단기 유동성을 파악할 때 아주 중요한 지표예요. 기업의 단기 자산에 단기 부채를 모두 갚을 만큼 현금 창출 능력이 있는지를 보는 거거든요. 단기 자금 융통이 안 되어 파산하는 기업이 의외로 많아요. Working Capital Growth가 크게 마이너스인 기업들은 단기 유동성 위험에 빠질 수 있으니 유심히 살펴봐야겠죠.

⑮ **CAPEX Growth (YoY)** 지난 1년간 CAPEX 성장률

⑯ **Dividend per Share Growth (FY1)** 현재 회기 연도 주당배당금 성장률

⑰ **1 Year Dividend Growth Rate (TTM)** 지난 1년간 주당배당금 성장률

아래로 내려와 Compound Annual Growth Rates (TTM), 즉 복리 기반의 연평균 성장률(과거 12개월) 관련 자료를 보겠습니다.

⑱ Compound Annual Growth Rates (TTM)

Name	YoY	3Y
⑲ Revenue	37.45%	23.93%
⑳ EBITDA	52.12%	30.70%
㉑ Operation Income (EBIT)	65.79%	35.29%
㉒ Net Income	45.12%	38.61%
㉓ Normalized Net Income	62.94%	33.18%
㉔ Earnings from cont. Ops	45.12%	38.61%
㉕ EPS (Diluted)	47.37%	40.51%
㉖ Tangible Book Value	11.58%	12.00%
㉗ Total Assets	11.58%	12.00%
㉘ Levered Free Cash Flow	24.89%	30.00%

⑱ **Compound Annual Growth Rate (TTM)** 복리 기반의 연평균 성장률(지난 12개월) = CAGR(Trailing Twelve Months)

성장률 지표를 볼 때 CAGR라는 단어를 많이 볼 수 있어요. Compound는 '복합체, 합성하다'라는 뜻이 있지요. 금융에서 Compound라고 하면 '복리'라는 뜻이에요. 연평균Annual Rate이라고 하면 Compound가 생략되어 있더라도 복리라고 봐야 합니다. 복리와 단리에는 큰 차이가 있는

데요, 예를 들어 연평균 20%씩 성장해서 100% 성장을 이루려면 단순 평균으로 계산할 때 5년이 걸린다고 생각할 수 있지만, 복리로 하면 4년이 채 안 걸립니다.

⑲ **Revenue** 매출

⑳ **EBITDA** 법인세, 이자, 감가상각비 차감 전 영업이익

㉑ **Operation Income (EBIT)** 이자 및 세전 이익. 영업이익

㉒ **Net Income** 순이익

㉓ **Normalized Net Income** 조정 순이익

기업이 벌어들이는 수익에는 기업이 지속적으로 창출하는 영업에 기반한 수익Earnings from Cont. Ops도 있지만 일회성으로 벌어들이는 수익도 있어요. 예를 들면 기업이 금융투자를 통해 벌어들인 수익이 여기에 포함되겠죠. 그것을 조정한 순이익입니다.

㉔ **Earnings from Cont. Ops** 지속 영업이익

㉕ **EPS (Diluted)** 주당순익 (희석)

㉖ **Tangible Book Value** 유형순자산가치

Tangible은 '실재하는, 유형의'라는 뜻이죠. 최근 Intangible Asset무형자산이 차지하는 비중이 커지면서 Book Value를 볼 때 Intangible Asset을 제외한 Tangible Book Value도 함께 살펴보는 경우가 많아지고 있어요. Intangible Asset은 Patents특허권, Copyright저작권, Franchises프랜차이즈, Goodwill권리금, Trademarks상표권, Trade Names상호, Software소프트웨어 등을 포함하는데 가치를 평가하기가 어렵거든요. 이들의 가치를 어떻게 매기느냐에 따라 Book Value가 크게 달라질 수 있으니, 주관적인 의견이 필요한 Intangible Asset을 제외하고 상대적으로 객관적인 가치평가가 가능한 Tangible Book Value를 보는 거죠.

㉗ **Total Assets** 총자산

㉘ **Levered Free Cash Flow** 부채반영 잉여현금흐름

5 | Profitability 수익성

이번에는 Profitability수익성 항목을 살펴봅시다. 수익성은 기업의 효율을 알 수 있는 지표입니다. 기업이 매출 대비 얼마나 벌었는지, 자산 혹은 자본 대비 얼마나 벌었는지, 직원당 얼마의 수익을 냈는지 등등 각종 비율을 계산해서 기업의 효율성을 알아보는 거죠. 이것 역시 업종 중간값Sector Median을 함께 보여주면서 업종 내 다른 비슷한 종목들과 비교할 수 있습니다. 먼저 Margin마진은 앞서 yahoo finance에서 다뤘듯이 Margin이 붙으면 매출 대비 이익을 말하는 거예요. 평상시에도 많이 쓰죠? "그 회사 마진이 얼마래?(그 회사 매출 대비 얼마나 벌었대?)" 다음 화면에는 총 다섯 가지의 마진이 나오는데, 그중 첫 번째부터 네 번째까지는 Income Statement손익계산서에 나오는 정보를 이용합니다.

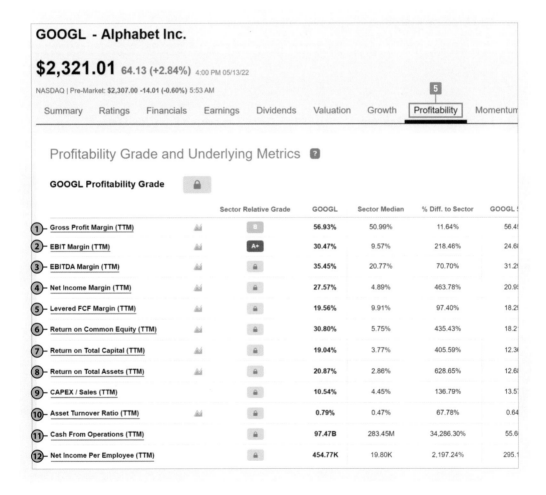

① **Gross Profit Margin** 매출총이익마진 = Gross Profit /Sales

매출에서 매출원가를 차감한 것을 Gross Profit이라고 해요. 총매출액 대비 매출총이익이 얼마인지를 계산합니다.

② **EBIT Margin** 이자 및 세전 이익률 = EBIT/Sales

EBIT는 Earnings before Interest and Taxes, 이자 및 세금 차감 전 이익입니다.

③ **EBITDA Margin** 이자, 세금, 감가상각 이전 이익률 = EBITDA/Sales

EBITDA는 Earnings before Interest, Taxes, Depreciation and Amortization입니다.

④ **Net Income Margin** 순이익마진 = Net Income / Sales

영업이익에서 이자, 세금, 감가상각 등 모든 비용을 제한 후 남은 순수익이 매출 대비 얼마인가를 계산합니다.

⑤ **Leveraged FCF Margin** 부채반영 잉여현금흐름마진 = Levered Free Cash Flow

모든 부채를 갚은 이후 기업에 남아있는 현금 여력, 즉 채권자에 대한 의무를 다한 이후 주주에게 돌아가는 몫이 매출액 대비 얼마인지를 계산합니다.

그다음 항목들은 대차대조표Balance Sheet 대비 회사가 얼마나 벌어들였는지를 보여주는데요, 투자한 돈 대비 나에게 얼마나 벌어다 주는지 알려주는 지표이므로, 특히 주주들에게 중요한 항목들이죠. 아래 세 가지 항목을 보면 모두 Return으로 시작하죠? 하지만 비율마다 조금씩 다른 Return을 써요. Return on Common Equity와 Return on Total Assets는 Net Income을, Return on Total Capital에서는 EBIT를 씁니다.

⑥ **Return on Common Equity** 자본 대비 순이익

⑦ **Return on Total Capital** 총자본 대비 이익

Total Capital총자본은 Short Term Debt단기부채, Long Term Debt장기부채, Shareholders' Equity자기자본를 모두 합한 것입니다. Return on Total Capital은 이러한 총자본 대비해서 회사가 벌어들인 이익이 얼마인지 보는 거죠.

⑧ **Return on Total Assets** 총자산 대비 이익

⑨ **Capex to Sales** 매출 대비 투자자본지출

Capex는 Capital Expenditure의 준말로 회사의 고정자산을 취득, 개선, 유지하는 데 들어가는 지출을 말합니다. 회사가 미래에 대한 투자를 얼마나 하고 있는지를 보여주는 지표로 쓰이기도 합니다.

⑩ **Asset Turnover(Sales/Average Asset)** 자산 대비 매출

기업이 가진 자산에 대비해서 충분한 매출을 올렸는지를 보여주는 지표입니다.

⑪ **Cash from Operations** 영업활동에 의한 현금흐름

⑫ **Net Income per Employee** 직원 한 명당 회사가 벌어들이는 돈

역시 기업의 효율성을 나타내는 지표입니다. 구글의 경우 지난 1년간 직원 한 명당 회사가 낸 수익이 454.77k(k는 1,000을 뜻합니다. 한화로 약 5억 원입니다)로 업계 중간값인 19.80k보다 월등히 높네요.

앞 화면에서 구글의 수익성 지표를 보면 모든 면에서 섹터 중간값보다 좋은 성적을 내고 있어요. 이러한 지표를 바탕으로 볼 때 효율적으로 운영되는 회사라고 볼 수 있습니다.

6 | Momentum 모멘텀

이번에는 Momentum 항목을 자세히 살펴보겠습니다. Momentum은 탄력, 가속도란 뜻인데, 금융 용어로는 주가 움직임의 강세 정도를 측정하는 지표를 뜻합니다. 모멘텀이 높으면 주가가 강하게 움직이고 있다는 뜻이고, 모멘텀이 낮으면 주가가 약하게 움직이고 있다는 뜻입니다. 이를 측정하는 데는 여러 가지 방법이 있습니다.

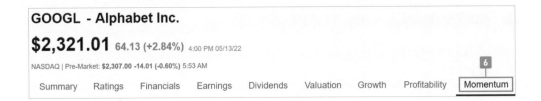

① Momentum Grade and Underlying Metrics ❓

GOOGL Momentum Grade 🔒

	Sector Relative Grade	GOOGL	② Sector Median	③ % Diff. to Sector	GOOGL 5Y Avg.	% Diff. to 5Y Avg.
3M Price Performance	B	-13.58%	-17.78%	④ NM	6.22%	NM
6M Price Performance	🔒	-21.95%	-27.31%	NM	13.42%	NM
9M Price Performance	🔒	-15.74%	-25.34%	NM	21.25%	NM
1Y Price Performance	🔒	4.13%	-26.30%	NM	29.74%	-86.13%

① **Momentum Grade and Underlying Metrics** 모멘텀 등급과 기저Underlying 측정지표(Metrics)

Momentum을 측정하는 가장 기본적인 방법은 지난 일정 기간[3M(3개월), 6M(6개월), 9M(9개월), 1Y(1년) 등]의 주가수익률Price Perfomence을 살펴보는 것입니다. Seeking Alpha에서는 Sector Relative Grade업종 내 상대등급를 기본적으로 제공하는데, 같은 업종 내 종목들은 주가가 비슷하게 움직이는 경향이 있습니다. 그러니 상대적으로 그 업종 내에서 이 주가의 흐름은 어떠한지를 따져보는 거죠. 캡처 화면에서 구글의 모멘텀 등급을 살펴봅시다. 3개월 수익률3M Price Performance의 업종 대비 등급Sector Relative Grade은 B, 수익률은 -13.58%, 업종 중간값은 -17.78%, 5년간 구글의 3개월 평균 수익률은 6.22%입니다. 구글의 최종 모멘텀 등급은 3개월, 6개월, 9개월, 1년 주가 수익률 등급을 바탕으로 구합니다. 구글이 커뮤니케이션 서비스 산업에 포함되므로, 구글의 업종은 커뮤니케이션 서비스 업종에 해당합니다. 따라서 등급은 커뮤니케이션 서비스 업종 기준으로 매겼습니다.

② **Sector Median** 업종 중간값

Median은 샘플 내 데이터의 중간값이란 뜻입니다. 샘플 내 데이터를 쭉 일렬로 정렬하여 딱 중간에 위치한 값입니다. 샘플의 전체 그림이 대략 어떠하다는 것을 보여주는 면에서 평균Average과 비슷하지만, 몇몇 데이터에 의해 그림이 왜곡될 수 있는 평균의 단점을 보완해주는 지표라서 많이 쓰입니다.

③ **%Diff. to Sector** 업종 중간값과의 퍼센티지 차이

Diff.는 Difference차이의 축약입니다. 종목의 수익률이 업종 전체 수익률 대비 높은지 낮은지 알려줍니다.

④ **NM (Not Meaningful Value)** 중요하지 않은 값

NANot Available, 자료 없음 등의 축약된 단어를 볼 수 있는데, 데이터가 없거나 (분모 값이 0이어서) 계산이 안 되는 경우에 이 단어로 대체합니다.

하단으로 쭉 내리면 구글과 S&P500 수익률을 비교한 항목들이 쭉 나오며, 수익률 이외에 이동평균 Moving Average과 상대강도 RSIRelative Strength indicator도 그래프와 함께 나옵니다.

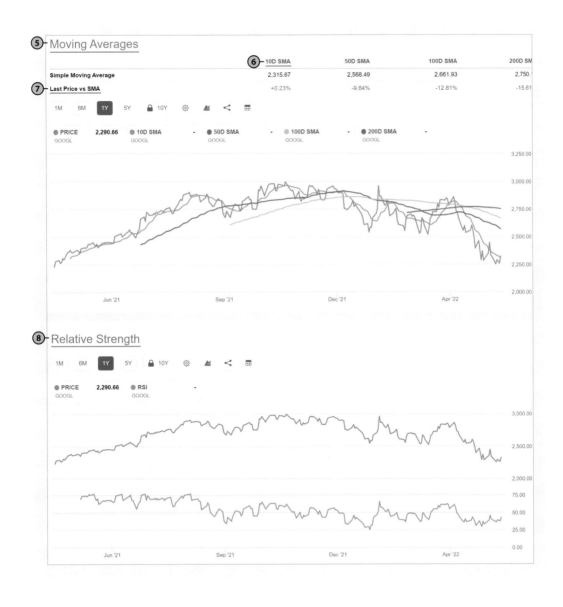

⑤ **Moving Average** 이동평균

일정 기간의 주가평균입니다. 20일 이동평균20 Day Moving Average이면 최근 20일간의 주가평균이죠. 이러한 이동평균을 연결한 선을 이동평균선(이평선)Moving Average Line이라고 합니다.

⑥ **10D SMA (10 Day Simple Moving Average)** 10일 단순 이동평균값

⑦ **Last Price vs SMA** 단순이동평균값 대비 최근 가격

예를 들어 구글의 최근 가격($2321.01)은 10D SMA($2315.67)보다 0.23% 높습니다.

⑧ **Relative Strength (Indicator)** RSI(상대강도지표)

주가 기술적 분석에 가장 기본적으로 쓰이는 지표라고 볼 수 있어요. 지난 며칠간 주가가 상승한 날이 많은지, 하락한 날이 많은지를 주가 움직임 강도와 함께 따져서 하락 강도가 셌다면 이후에는 상승할 가능성이 높을 것으로 보고, 상승 강도가 셌다면 그 이후에는 하락할 가능성이 높을 것으로 보는 콘셉트입니다. 통상 RSI가 30보다 낮으면 매수시점, 70보다 높으면 매도시점으로 기준을 잡습니다.

7 | Peers 비슷한 종목들

이번에는 Peer 항목을 클릭해보겠습니다. 투자를 결정할 때 비슷한 종목을 함께 살펴보고 상대 비교를 하는 것도 중요한 과정이죠. 보통 Peer Group이라고 하면 같은 업종 내 종목들을 보여주는데, Seeking Alpha에서는 그뿐 아니라 'Related Stocks관련주' 'Related ETFs관련 ETF' 등도 함께 알려줍니다.

	KO	PEP	KDP	MNST	FMX	CCEP
Company Name	The Coca-Cola Company	PepsiCo, Inc.	Keurig Dr Pepper Inc.	Monster Beverage Corporation	Fomento Económico Mexicano, S.A.B. de C.V.	Coca-Cola Europa Partners PLC
Sector	Consumer Staples	Consumer Staples	Consumer Staples	Consumer Staples	Consumer Staples	Consumer Staple
Industry	Soft Drinks	Soft Drinks	Soft Drinks	Soft Drinks	Soft Drinks	Soft Drinks
Market Cap	284.90B	240.20B	52.78B	47.06B	25.05B	23.37B
Enterprise Value	318.68B	273.46B	65.38B	44.38B	36.34B	35.74B
Employees	79,000	309,000	27,500	3,775	323,993	22,000
SA Authors Covering	8	5	2	2	1	2
Wall St. Analysts	28	22	20	23	14	12

① **Key Stats Comparison** 주요 통계 비교

같은 산업(Industry: Industry는 Sector의 하위구분입니다) 내에 있는 종목들의 주요 통계를 비교합니다. Profile 섹션에서 보여주는 Market Cap시가총액, Enterprise Value(EV)기업가치, Employee총직원 수, SA Authors Covering종목을 분석하는 SA 작가 수, Wall St. Analysts종목을 분석하는 월가 애널리스트 수 등의 정보는 기업의 Size크기를 알려주는 표들입니다.

② **Related Stocks** 관련주

관련주에는 두 가지로 나누어 보여주는데, 하나는 '이 종목을 팔로우하는 사람들이 팔로우하는 다른 종목들People Who Follow ㅇㅇㅇ Also Follow', 다른 하나는 'SA 투자노트에서 이 종목 ㅇㅇㅇ과 함께 많이 언급된 종목들Stocks Most Mentioned in Articles with ㅇㅇㅇ'입니다. 둘 다 투자자들 관점에서 볼 때 단순히 같은 산업 내의 종목들을 비교하는 것보다 더 밀접하게 관심을 갖게 되는 종목 집단이라고 볼 수 있겠죠.

③ **Related ETFs** (ETFs with Exposure to 티커명) 관련 ETF

여기에서는 해당 종목이 편입되어 있는 ETF를 보여줍니다. 시장 전체에 투자하는 ETF는 제외하고, 업종 혹은 테마 ETF 중심으로 나옵니다. 예를 들어 아래 구글이 편입된 ETF를 보면 Communication Services 관련 ETF가 많은 것을 알 수 있는데요, 업종 분류에 따르면(27쪽 참조) 구글은 커뮤니케이션 서비스에 들어가기 때문이죠. Weighting은 구글이 해당 ETF에서 차지하는 비중입니다.

ETFs With Exposure to KO

Ticker	ETF Name	④—Weighting	AUM	⑤ Expense Ratio	Change %
IECS	iShares Evolved U.S. Consumer Staples ETF	11.78	17.21M	0.18%	2.05%
IYK	iShares U.S. Consumer Goods ETF	11.12	1.23B	0.41%	1.35%
XLP	Consumer Staples Select Sector SPDR ETF	10.52	16.41B	0.10%	1.50%
FSTA	Fidelity Covington Trust - Fidelity MSCI Consumer Staples Index ETF	8.88	1.02B	0.08%	1.67%
VDC	Vanguard Consumer Staples ETF	8.71	6.33B	0.10%	1.49%

④ **Weighting** 가중치

Weight는 '무게, 가중치를 주다'라는 뜻으로 많이 쓰이죠. 주식시장에서 Weight라고 하면 포트폴리오 내 종목 비중을 뜻합니다.

⑤ **Expense Ratio** 연간 펀드운용보수

Seeking Alpha 애널리스트 자료 살펴보기

Seeking Alpha에서는 리서치를 제공하는 사람들Contributors을 Authors작가라고 지칭합니다. 정식 작가로 지정되기 위해서는 제공하는 투자노트가 일정한 내용을 갖춰야 합니다. 최소한의 퀄리티를 가져야 하는 거죠. My Authors에 작가로 등록하려면 샘플 리포트를 제출해야 하고, 내부 심의를 거쳐 샘플 리포트의 등록 여부가 결정됩니다. 이는 시장을 조정하려는 불순한 의도의 사람들을 걸러내고, 보고서의 퀄리티를 지키기 위한 방안입니다. 내가 관심 있는 작가를 구독하면 이메일로 혹은 Seeking Alpha 웹사이트에서 그들의 노트를 실시간으로 받아볼 수 있습니다. 통상적인 애널리스트 보고서와 달리 블로그 형식의 포맷이 강하다고 볼 수 있는데, 개인투자자들에게는 쉽게 다가갈 수 있는 장점이라고 생각합니다.

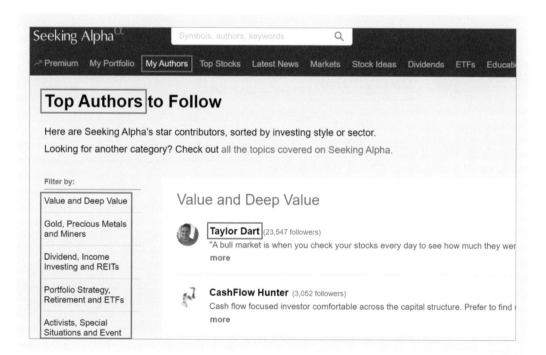

Top Authors에서는 인기 있는 작가들을 카테고리별로 찾아볼 수 있는데, 다양한 전략별로 강점이 있는 작가들이 보고서를 제공합니다.

화면 좌측에 주요 전략별로 분류되어 있고, 관심 있는 분야를 클릭하면 우측에 관련 작가 리스트가 나옵니다.

가치투자Value and Deep Value, 금, 원자재Gold, Precious Metals and Miners, 배당 및 인컴Dividend, Income Investing and Reits, 포트폴리오, 은퇴 및 ETFPortfolio Strategy, Retirement and ETFs, 액티비스트, 스페셜시츄에이션, 이벤트 전략Activist, Special Situations, Event Driven Strategy, 환 등 매크로 경제Economy, Macro and Forex, 금융 Financials, 소비재 및 산업재Consumer and Industrial, 성장주 및 적당한 가격의 성장주Growth and GARP, 기술 주Technology, Software and Internet, 오일 & 가스, 에너지, 천연자원Oil & Gas, Energy, Natural Resources, 헬스케어 및 바이오Healthcare and Biotech 등의 테마로 카테고리가 나누어져 있습니다.

작가를 클릭하면 작가의 소개와 함께 작가의 리서치를 볼 수 있어요. 예를 들어 Taylor Dart 작가를 살펴보겠습니다.

Taylor Dart   Following

Long/Short Equity, Gold, Gold & Precious Metals, Value
Member Since 2016   🔊 Mute
https://www.tipranks.com/bloggers/taylor-dart

"A bull market is when you check your stocks every day to see how much they went up. A bear market is when you don't bother to look anymore."

- John Hammerslough

주식롱숏Long/Short Equity, 금Gold, 금 및 귀금속Gold & Precious Metals, 가치주Value와 관련하여 의견을 내고 있는 작가입니다. Member Since 2016을 보니 2016년부터 리서치를 제공했네요.

그 아래 나와 있는 웹주소를 클릭하면 TIPRANKS라는 웹페이지로 연결되는데요, TIPRANKS는 시장의 모든 애널리스트들의 종목에 대한 자료를 업로드하는 웹페이지입니다. 애널리스트들의 종목 선택 수익률도 함께 볼 수 있어서 애널리스트에 대한 객관적인 판단에 도움이 됩니다. Taylor Dart는 TIPRANKS에도 등록되어 있는 것을 보니 주식 독립 리서처로서 상당기간 활동해온 것으로 보입니다.

아래는 Taylor Dart의 페이지입니다. 블로거의 프로파일과 함께 커버 종목Stock Coverage이 나와 있어요. 포트폴리오 종목에 대한 의견Position이 Bullish강세, Neutral중립, Bearish약세 중 어떠한지, 그 의견을 낸 시점Date은 언제인지, 그간 종목에 대한 매수매도 아이디어를 몇 번 냈는지No. of Ratings, 종목에 대한 투자의견이 어느 정도 맞았는지Success Rate, 투자 의견당 수익률은 어떠한지Average Return per Rating 등이 꽤 상세하게 소개됩니다. 애널리스트들의 능력을 판단하는 데 필요한 객관적인 정보를 수집할 수 있는 웹사이트인데, 역시 대부분의 정보는 유료로 제공되니까 참고하세요.

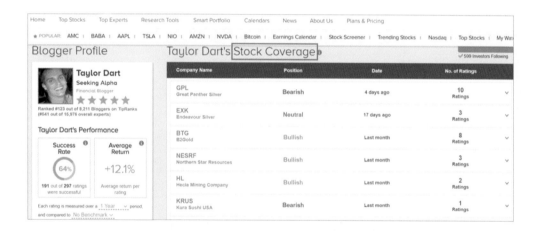

웹페이지 좌측에서 시가총액과 업종별로 필터를 할 수 있으며, Analyst Consensus에서 현재 종목에 대한 애널리스트들의 추천 정도를 알려줍니다. 또한 예상 EPS 추정치Consensus EPS Forecast, 전년도 EPSLast Year's EPS의 정보도 제공합니다.

다시 Seeking Alpha 작가 페이지로 돌아올게요. 작가 페이지 하단으로 내려오면 아래와 같은 화면을 볼 수 있어요. Dart 작가는 현재까지 1,774개의 투자 관련 글Articles을 썼고 그중 5개는 작가가 특히 중요하다고 꼽은 글Author's Picks이네요. 1개의 블로그포스팅Blog Posts이 있는데, 블로그 글은 Seeking Alpha의 검수를 거치지 않은 글입니다. 앞서 말했듯, Seeking Alpha는 작가의 글을 검수하여 Seeking Alpha의 이름하에 개인투자자들에게 공개할 만한 글인지를 판단합니다. 이 작가의 투자 의견이나 글에 대해 그간 15,300여 개의 댓글Comments이 달렸네요. 총 6,000여 개의 '좋아요Likes'를 받았고, 작가를 팔로우하는 Seeking Alpha 회원은 24,000여 명입니다. 작가가 쓴 글 중 편집자가 주목할 만하다고 고른 글Editor's Picks이 99개이고 클릭하여 확인할 수 있습니다. 그 아래 주식종목 티커 Filter by Ticker를 보면 작가가 글을 썼던 종목들의 티커와 관련 글의 개수를 볼 수 있어요.

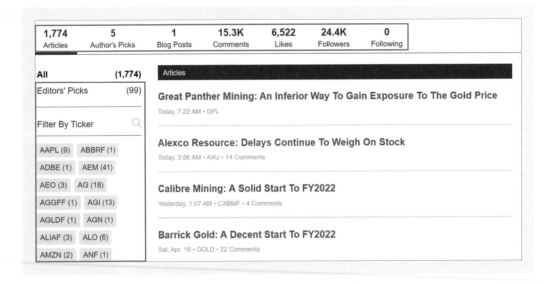

만약 내가 궁금한 종목에 대해 Seeking Alpha의 작가들이 어떤 의견을 내고 있는지 모든 글을 모아 읽고 싶다면 'Unit 1 Seeking Alpha 전체 그림 살펴보기'에서처럼 종목을 검색하여 종목 페이지에 들어간 후, Summary > Analysis를 클릭합니다. 아래 애플 종목에 대한 작가들의 글이 최근순으로 보입니다.

Analysis

🔒 Ratings: Select Ratings ▼   Date Range: Select Date ▼

Unfortunately For Apple, $80 Billion Isn't Much
The Value Portfolio · Yesterday, 10:22 AM · 57 Comments

Apple Vs. Microsoft: Why We Like Apple Better
Sensor Unlimited · Fri, Apr. 15 · 83 Comments

그외 기업가치분석 관련 필수 단어들

여기서는 애널리스트 보고서를 읽을 때 많이 접하는 단어들을 정리해 보았습니다. 평소 알던 단어들이 섞여 있어서 쉽게 이해할 수 있을 거예요.

① **Alpha** 알파

사전적 정의로는 기업고유위험을 말하는데요, 통상 초과수익을 뜻할 때 알파라는 말을 많이 씁니다.

② **Capital Asset Pricing Model(CAPM)** 자본자산 가격결정 모형

보통 캐펌CAPM이라고 줄여서 발음하는데, 투자의 예상 수익률을 계산하는 방법 중 가장 많이 알려진 이론적 모델입니다. 투자론에서 가장 기초가 되는 모델이죠. 시장의 무위험 수익률(보통 국채 이자율이죠)과 투자자산의 변동성, 시장의 예상 수익률을 바탕으로 투자자산의 예상 수익률을 계산합니다. 시장의 예상 수익률이 높고 투자자산의 변동성이 높을수록 투자자산에 대한 기대수익도 높아지겠죠.

③ **Comparable Company Analysis** 동종기업 분석

Comps라고도 부르며, 비교 가능한(비슷한) 기업들의 밸류에이션, 재무데이터 등을 정리해 놓은 리스트입니다.

④ **Compounding** 복리

Compound는 '합성하다, 혼합하다'라는 뜻입니다. Compounding은 원래 가지고 있는 자산이 만들어내는 이익, 이자를 뜻합니다.

⑤ **Constant Perpetuity** 일정한 영속성

투자 여부를 결정할 때, 기업의 현재 주가가 앞으로 기업이 벌어다줄 미래 가치를 현가화한 것

과 비교했을 때 높은지 낮은지를 기준으로 삼게 됩니다. 기업의 미래 가치를 쭉 끌어당겨와서 현재 가치를 계산할 때는 미래 어느 일정 기간 이후로는 기업에 들어오는 현금이 매년 일정하다고 가정하는데, 이것을 Constant일정한 Perpetuity영속성라고 합니다. 상대적인 개념으로 Growing Perpetuity성장하는 영속성가 있는데, 미래 일정 기간 이후 기업에 들어오는 현금이 매년 일정하게 상승한다고 가정할 때 씁니다.

⑥ **Covenants** 커버넌트

재무 조달을 할 때 대출 약정서에 기업이 해야 할 행동이나 하지 말아야 할 행동에 대해 기입한 대출 약정 조항을 뜻합니다. 예를 들어 차입자는 재무건전성 유지를 위해 일정 금액 이상의 대출을 추가로 하지 못하도록 하는 조항이 이에 해당합니다.

⑦ **Debt Financing** 채권 금융

채권 발행에 의한 기업의 자금 조달을 뜻합니다.

⑧ **Discount Rate** 할인율

미래 현금 흐름을 현가화할 때 적용되는 할인율입니다. 지금의 1,000원은 10년 전의 1,000원과 다르죠. 인플레이션이 적용된 미래 돈의 현재 가치를 계산할 때 필요한 요율입니다.

⑨ **Discounted Cash Flow(DCF) Valuation** 할인현금흐름 가치평가

기업의 현재 가치를 계산할 때 가장 많이 쓰이는 기업의 가치평가 방법입니다. 앞으로 기업이 미래에 벌어들일 모든 현금을 현가화하여 계산합니다. 저는 처음에 Discount라는 말이 잘 와닿지 않았어요. "뭘 할인한다는 거지? 할인이면 좋은 거 아닌가?" 하면서요(물론 지금은 자본시장에서 쓰이는 Discount 용어가 더 쉽게 와닿습니다). 내년의 현금 가치가 오늘의 현금 가치와 다르다는 것, 통상적으로 미래 가격의 현재 가치는 인플레이션 때문에 더 낮겠죠. 그걸 Discount라고 보면 됩니다.

⑩ **Diversifiable Risk** 분산 가능한 위험

포트폴리오가 하나의 자산 혹은 하나의 종목이 아닌 여러 자산, 여러 종목을 담고 있다면 위험이 분산되죠.

⑪ **Enterprise Value** 기업가치

Firm Value라고도 합니다. 부채와 시가총액을 합산한 가치입니다. 주주와 채권자의 가치를 모두 합산한 거죠.

⑫ **Multiple** 멀티플

기업가치를 비율로 계산한 것을 멀티플이라고 합니다. '밸류에이션'과 비슷하게 쓰입니다. "The Company Deserves High Multiples."라고 하면 "그 회사는 밸류에이션을 높게 받을 만해."라는 말입니다.

⑬ **Equity Financing** 지분금융

기업이 필요한 자금을 조달하는 데는 채권자로부터 자금을 빌리거나Debt Financing, 투자자로부터 지분투자를 받는Equity Financing 두 가지 방법이 있습니다. 가장 대표적인 Equity Financing으로는 IPO기업공개가 있죠.

⑭ **Equity Risk Premium** 주식 위험 프리미엄

무위험 수익률 대비 주식시장의 초과수익률을 말합니다.

⑮ **Equity Value** 지분가치

주주가 가지는 회사의 가치를 말하는데, Enterprise Value와 현금 및 현금 등가물, 장기투자금을 합산한 것에서 장단기 부채를 제한 값입니다.

⑯ **Enterprise Value Multiples** 기업가치 멀티플

기업 밸류에이션 비율 중 하나인데요, EV는 기업의 부채를 포함하기 때문에 기업을 인수하게 될 때 평가하는 기업의 가치로 많이 쓰여요. 아래 EV Multiple을 살펴보시죠.

· **EV/Capital Employed** 기업의 자본 대비 가치

EV는 부채를 포함한 기업의 총가치Enterprise Value를, Capital Employed는 기업의 장부가치를 말합니다.

· **EV/EBIT** 기업의 법인세 및 이자 차감 이전 영업이익 대비 기업가치

이자 및 세전 이익EBIT: Earning before Interest and Tax 대비 기업가치가 얼마인지를 알려주는 밸류에이션 비율입니다. 이 비율이 높을수록 기업가치가 높게 평가된 거죠.

· **EV/EBITDA** 기업의 법인세, 이자, 감가상각비 차감 이전 영업이익 대비 기업가치

이자, 세금, 감가상각 이전 이익EBITDA: Earnings before Interest, Taxes, Depreciation, and Amortization 대비 기업가치가 얼마인지를 알려주는 밸류에이션 비율입니다. PER만큼 많이 쓰이는 비율인데요, 부채가 포함된 개념이기 때문에 M&A를 할 때 반드시 기본적으로 체크하는 밸류에이션 비율입니다.

이 밖에도 EV Multiple로 EV/Free Cash Flows자유현금흐름 대비 기업가치 비율, EV/Sales매출 대비 기업가치 비율 등이 있습니다.

⑰ Firm-Specific Risk 기업고유위험

비체계적위험Unsystematic Risk, 분산가능한 위험Diversifiable Risk, 알파Alpha라고도 하는데요, 이름에서도 알 수 있듯이 시장과 관련 없이 기업 자체가 가지는 위험입니다. 어떠한 투자자산이 가지는 위험은 그 자산의 시장이 가지는 체계적 위험과 특정 투자자산이 가지는 고유 위험으로 나뉘어요. 예를 들어 미국에 9/11 사태가 나거나 서브프라임 모기지 사태 등 경제 전체에 영향을 미치는 사건이 발생하면 개별 종목에 상관없이 주식시장에 상장된 모든 주식이 폭락하는 등 영향을 받습니다. 이것은 체계적 위험Systematic Risk에 해당합니다. 반면 애플의 실적이 좋아서 애플 주가가 상승한다면 그건 기업 고유의 위험에 따른 거죠.

⑱ Market Risk 시장위험

체계적 위험Systematic Risk, 비고유위험Non-Specific Risk, 분산가능하지 않은 위험Non-Diversifiable Risk, 베타Beta모두 같은 뜻입니다. 이자율, 경제사이클, 인플레이션, 국가, 사회경제발전 등과 같은 위험을 포함합니다.

⑲ Free Cash Flow (FCF) 잉여현금흐름

기업의 순유입 현금을 나타내는 지표입니다. 영업활동현금흐름OCF: Operating Cash Flow에서 기업의 설비투자CAPEX: Capital Expenditure를 제한 값입니다. 영업활동현금흐름OCF은 기업의 영업활동으로 벌어들인 순익을 말하는데요, 여기서 장기적으로 투자된 자금을 뺀 것이니, 실제 이 기업의 현금 여력을 알려주는 지표라고 볼 수 있죠. 투자자가 중요하게 봐야 할 지표입니다. FCF가 플러스여야 기업이 배당지급이나 자사주 매입과 같은 현금여력이 있다고 볼 수 있습니다. 물론 FCF가 마이너스면 무조건 안 좋다는 것은 아닙니다. 성장성이 높은 기업의 경우 설비투자가 많이 들어가서 FCF가 마이너스인 경우도 있거든요.

Tip! 금융 관련 영단어가 가장 잘 설명된 영문 웹사이트는 investopedia.com입니다. 보통 궁금한

단어가 있으면 위키피디아를 많이 쓰죠. 인베스토피디아는 그것의 금융단어 버전이라고 볼 수 있는데요, 예시를 곁들여서 쉽고 꼼꼼하게 잘 설명되어 있습니다. 생소한 단어가 있으면 이 웹사이트를 이용하세요!

⑳ **Multiple Valuation Approach** 멀티플 밸류에이션 접근

비슷한 자산은 비슷하게 움직인다는 가정하에 만들어진 밸류에이션 이론인데요, 실제 투자자들이 아주 많이 이용하는 방법입니다. 비교 가능할 만큼 비슷한 기업, 즉 같은 산업 내에 있는 기업들의 멀티플 밸류에이션은 비슷해야 한다는 거죠. 쉬운 예로 우리나라 SK하이닉스와 대만 TSMC의 PER이 비슷해야 하므로 둘의 괴리가 크게 발생할 경우, 상대적으로 PER이 낮은 기업이 PER이 높은 기업에 비해 더 매력도가 있다고 판단하는 것이 멀티플 밸류에이션 방법입니다. 애널리스트가 기업의 적정주가를 구할 때, 특히 이익이 없는 기업의 경우 DCF할인현금흐름 방법을 쓸 수 없으니 Multiple Valuation Approach를 많이 쓰는데요, 콘솔게임 사업에 있는 A기업의 PSR주가매출 비율은 콘솔게임 산업에 있는 기업들의 평균 PSR을 적정 PSR로 삼아서 적정 주가를 구하는 방식이죠.

㉑ **Net Debt** 순부채

총부채에서 현금 및 현금 등가물을 뺀 수치로, 기업의 유동성을 측정하는 지표입니다. 기업이 당장 모든 부채를 상환해야 할 경우 기업의 유동성을 파악하는 거죠. 이 값이 마이너스면 기업은 현금 유동성이 풍부한 Net Cash 상태입니다.

㉒ **Net Debt/Equity** 순부채비율

기업의 재무 건전성을 파악하는 지표 중 하나입니다. 산업별로 다르지만 통상 이 값이 높은 경우 (예를 들어 70% 이상), 기업의 재무 건전성에 의심을 갖고 더 살펴봐야 합니다.

㉓ **Effective Tax Rate** 효율세율

기업이 실질적으로 지불하는 세금요율입니다. 법정세율Statutory Tax Rate과 대비되는 개념입니다.

㉔ **Statutory Tax Rate** 법정세율

㉕ **Net Present Value** 순현재가치

미래의 모든 현금흐름을 현가화하여 합산한 값입니다. 기업은 Net Present Value가 투자금액보다 큰 사업에 투자해야겠죠.

㉖ Normalized Earnings 정상이익

기업의 이익에는 매년 반복적으로 발생하는 이익과 그렇지 않은 이익이 있는데요, 정상이익은 반복적으로 발생하지 않는 이익, 예를 들면 자산청산에 따른 손익, 금융자산손익 등을 빼고 계산합니다. 즉, 기업이 주요 비즈니스로 매년 일정하게 벌어들이는 이익을 말합니다. 기업의 밸류에이션을 측정할 때는 사실 이 부분이 중요하죠.

㉗ Price to Book 주가순자산 비율

주당순자산Book Value per Share 대비 주가Price 비율입니다.

㉘ Price to Cash Flow 주가현금흐름 비율

순현금흐름 대비 주가 비율입니다.

㉙ Risk-Free Rate 무위험 수익률

통상 (미국)국채이율을 무위험수익률이라고 합니다.

㉚ Standard Deviation 표준편차

데이터가 평균값으로부터 어느 정도 흩어져 있는지를 계산하는 지표입니다. 이 값이 클수록 데이터가 평균값으로부터 많이 떨어져 있음을 뜻합니다.

㉛ Total Shareholder Return 총수익률

투자자가 거둔 총수익률이며, 배당수익Dividend Gain과 자본수익Capital Gain을 합한 값입니다.

㉜ Variance 분산

데이터가 평균으로부터 어느 정도 흩어져 있는지를 계산합니다. 표준편차의 제곱이 Variance입니다.

㉝ Weighted Average Cost of Capital(WACC) 자본비용의 가중평균

기업의 총자본비용을 구하는 방법으로서, 부채Debt와 자본Equity 각각의 자본비용Cost of Capital의 평균을 각각의 비중을 고려하여 합한 값입니다.

Chapter 6

시그널 분석(기술적 분석)

finviz.com
investing.com

▶ 주주지혜님의 설명 영상을
참고하세요.

이번 챕터에서는 finviz.com과 investing.com 웹사이트에서 시그널 분석(*기술적 분석)에 관련된 단어를 살펴보도록 할게요. finviz.com은 Financial Visualizations금융데이터의 시각화를 표방하는 웹사이트입니다. 그래서 차트나 그래프가 한눈에 잘 보일 수 있도록 되어 있어요. 특히 산업별 수익률 및 기술적 분석 시그널에 강점을 갖고 있습니다.

*기술적 분석Technical Analysis: 과거의 주가나 거래량을 계량화하거나 도표화해서 일정한 추세나 패턴을 찾는 분석 기법입니다. 기술적 분석을 중시하는 전문가들은 주가와 거래량의 추세가 증시에 영향을 미칠 만한 수많은 요인들을 모두 반영한 것으로 보고, 이에 근거해 앞으로 어떻게 움직일지를 예측합니다. 자주 거론되는 지표로는 주가이동평균선이 있습니다.

investing.com은 금융 데이터를 다루는 웹사이트 중 일반인에게 가장 접근성이 좋은 웹사이트 중 하나입니다. 앞의 yahoo finance나 Seeking Alpha처럼 기업 및 시장의 기본 정보를 포함한 방대한 분석 자료가 제공됩니다. 그중 이 챕터에서는 기술적 분석과 관련한 부분을 중심으로 살펴보겠습니다. 특히 기술적 분석에 근거한 단기투자를 하시는 분들에게 유용한 지표가 제공되는데, Buy와 Sell 표기가 눈에 잘 띄어서 가독성이 좋습니다. 다만, 무료 데이터이다 보니 여기에서 제시된 매수/매도 시그널에 대한 책임은 지지 않는다고 Disclaimer고지사항에 나옵니다. 지수 및 개별 주식뿐 아니라 환율, 상품Commodity 등의 데이터도 제공됩니다.

▼ 권장사항 | finviz.com, investing.com에 접속하여 화면과 같이 직접 따라 하며 학습해 보세요.

Unit 1 • finviz.com에 나오는 기술적 분석 관련 단어
Unit 2 • inveseting.com에 나오는 기술적 분석 관련 단어
Unit 3 • 세계 주요 주식시장 지수

finviz.com에 나오는 기술적 분석 관련 단어

finviz.com 메인 화면에 들어가면 아래와 같이 전날의 DOW, NASDAQ, S&P500 Index의 거래량과 기타 동향을 한눈에 볼 수 있습니다.

① **Top Gainers** 섹터별로 가장 많이 오른 종목

Gain은 '주식 수익을 얻다' 또는 '수익률이 오르다'라는 뜻입니다.

② **Top Losers** 섹터별로 가장 많이 내린 종목

Lose는 '주식 수익을 잃다' 또는 '수익률이 내리다'라는 뜻입니다.

③ **New High** 신고점

통상적으로 최근 52주 중 최고 주가를 기록할 경우 New High라고 합니다.

④ **New Low** 신저점

통상적으로 최근 52주 중 최저 주가를 기록할 경우 New Low라고 합니다.

⑤ **Overbought** 과매수

여기서는 최근 2주간 주가 급등에 따라 RSI(14)가 70을 넘으면 과매수 구간이라고 합니다.

⑥ **Oversold** 과매도

여기서는 최근 2주간 주가 급락에 따라 RSI(14)가 30 미만으로 떨어지면 과매도 구간이라고 합니다.

아래와 같이 Screener 항목에서 Signal에 나열된 여러 가지 Signal의 의미를 살펴봅시다.

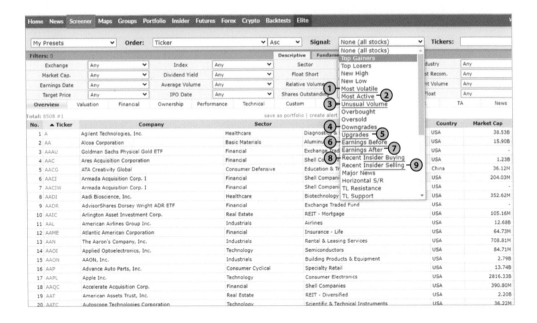

① **Most Volatile** 가장 변동이 심한 종목

② **Most Active** 거래량이 가장 높은 종목

Active는 '활발한'이라는 뜻이죠. 거래량이 많은 경우를 Active라고 합니다.

③ **Unusual Volume** 비정상적으로 높은 거래량

Volume은 주식 거래량을 말합니다. 가끔 거래량이 폭증하는 경우가 있는데 이것을 가리킵니다.

④ **Downgrades** 애널리스트 의견 하향조정

⑤ **Upgrades** 애널리스트 의견 상향조정

⑥ **Earnings before** 시장 열리기 전 (Before Market Opens) 실적 발표하는 기업

⑦ **Earnings After** 시장 마감 후 (After Market Closes) 실적 발표하는 기업

⑧ **Insider Buying** 최근 내부자 매수가 있는 종목

내부자 거래Insider Trading는 SEC에 의해 공시하도록 되어 있습니다.

⑨ **Insider Selling** 최근 내부자 매도가 있는 종목

아래는 주요 기술적분석에 쓰이는 용어 설명입니다. 기술적 분석은 향후 주가가 거래량과 과거 주가 패턴에 의해 움직인다고 보는 것입니다. 기업의 재무제표를 읽고 업황 및 기업의 비즈니스를 분석하여 현재 주가가 기업이 실제 가져야 하는 주가, 즉 내재적 주가Intrinsic Value와의 차이를 가정하고 주식 매매를 결정하는 것과는 다른 기법입니다. 기업의 주가와 거래량이 그 기업의 모든 정보를 담고 있으니 주가와 거래량의 패턴만 보면 된다는 관점이죠.

아래 기술적 분석에 자주 등장하는 단어들은 위와 같이 Screener의 Signal에서 찾을 수 있습니다. 혹은 아래와 같이 finviz.com 메인 화면에서 아래로 스크롤하면 아래와 같이 그날의 Signal에 잡힌 종목들이 나오는데요, 여기서도 관련 단어들을 확인할 수 있습니다.

① **Channel** 채널

아래 그래프처럼 주가가 상·하단으로 평행을 이루는 밴드 사이에서 움직임을 보일 때를 말합니다. 주가가 상승하는 추세인지, 하락하는 추세인지를 판단할 수 있는 근거가 됩니다. 잠재적인 매매 시점을 잡거나 손절매 기준을 잡을 때도 이용합니다. finviz에서 Channel은 Side-Way Channel (혹은 Horizontal Channel, Trading Ranges, Rectangle이라고도 씁니다)과 같은 말로 쓰여요. 주가의 상·하단 평행 밴드가 수평일 때를 말합니다.

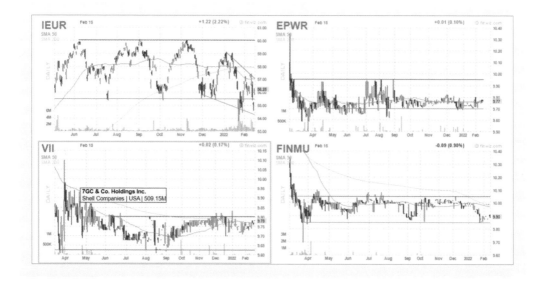

② **Channel Up** 채널업

상하단 평행을 이루는 밴드가 상승하는 모양새일 때를 말합니다. Ascending Channel이라고도 합니다. 고점과 저점이 모두 점점 상승하는 경우입니다.

③ **Channel Down** 채널다운

상하단 평행을 이루는 밴드가 하락하는 모양새일 때를 말합니다. Descending Channel이라고
도 합니다. 고점과 저점이 모두 점점 하락하는 경우입니다.

④ **Double Top** (더블탑) 쌍고점

M자를 그리는 주가패턴으로 강세에서 약세로의 전환을 가리킵니다. 보통 두 번째 고점Top이 첫
번째 고점보다 낮아지는 모습을 보입니다.

⑤ **Multiple Top** 멀티플탑

주가의 강세가 끝나는 무렵을 보여주는 시그널입니다. 주가의 상단을 두 번 이상 돌파 시도한 (그러나 실패한) 주가패턴입니다. 주가의 약세전환을 가리킵니다.

⑥ **Double Bottom** (더블바텀) 쌍저점

W자를 그리는 주가패턴으로 약세흐름이 끝나고 강세로의 전환을 가리킵니다.

⑦ **Multiple Bottom** 멀티플바텀

주가의 약세가 끝나는 무렵을 보여주는 시그널입니다. 주가의 바닥을 여러 번 다진 후 결국 상승 반전하는 주가패턴입니다. 주가의 강세전환을 가리킵니다.

⑧ **Head & Shoulders** 헤드앤숄더 패턴

상승하던 주가가 세 개의 고점 – ❷ 두 번째가 가장 높고 ❶ 첫 번째와 ❸ 세 번째가 비슷한 높이의 패턴 – 을 보이는 경우, 이후 하락 반전하는 주가 흐름을 예상하는 기술적 분석입니다.

* **Head & Shoulders Inverse** 인버스 헤드앤숄더

하락하던 주가가 세 개의 저점 - 두 번째가 가장 낮고, 첫 번째와 세 번째가 비슷한 높이의 패턴 - 을 보일 경우, 이후 상승 반전하는 주가 흐름을 예상하는 기술적 분석입니다.

⑨ Trendline Support (TL Support) 추세 지지선

지난 한동안의 주가가 어떤 수준 이하로 내려가지 않는 추세를 보이는 경우, 추세 지지선을 형성합니다. 다음 그림에서 파란색이 추세 지지선입니다.

⑩ Trendline Resistance (TL Resistance) 추세 저항선

지난 한동안 주가가 어떤 수준 이상 상승하지 않는 추세를 보이는 경우, 추세 저항선을 형성합니다. 다음 그림에서 보라색이 추세 저항선입니다.

⑪ Horizontal S/R (Support and Resistance) 수평 지지선/저항선

현재 주가가 수평 저항선이나 지지선 근처에 있는 경우입니다. 저항선이나 지지선은 주가의 과거 움직임으로 판단합니다. 특정한 가격을 넘어가지 못하는 경우(저항선) 혹은 특정한 가격 아래로 내려가지 않는 경우(지지선)를 가리킵니다.

⑫ **Wedge** 웨지

Wedge는 앞면이 V자형으로 이루어지도록 나무나 쇠붙이를 깎아 만든 것을 말해요. 주가 패턴이 이와 같이 V자를 오른쪽으로 돌린 모양을 이루는 경우를 Wedge Pattern이라고 하는데요, 주가 트렌드의 끝무렵, 즉 주가의 고점이나 저점을 이루는 모양새로 분석합니다.

⑬ **Wedge Up (Rising Wedge)** 웨지업(상승웨지)

주가패턴이 상향하는 Wedge를 그리는 경우, 주가가 고점을 형성했다고 판단합니다. 그러므로 기술적 분석 관점에서는 곧 하락 반전할 것으로 볼 수 있죠.

⑭ **Wedge Down (Falling Wedge)** 웨지다운(하락웨지)

주가패턴이 하향하는 Wedge를 그리는 경우, 주가가 저점을 형성했다고 판단합니다. 그러므로 기술적 분석 관점에서는 곧 상승 반전할 것으로 봅니다.

⑮ **Triangle Ascending** 상승 삼각형

상단은 수평 저항선, 하단은 꼭지가 점점 상승하는 지지선을 보일 때 주가가 뚫고 올라가는 패턴입니다. 매수 세력이 강하다고 보고 향후 상승 기력이 세다고 보는 거죠.

⑯ **Triangle Descending** 하락 삼각형

하단은 수평 지지선, 상단은 꼭지가 점점 하락하는 저항선을 보일 때 주가가 하단 수평 지지선을 뚫고 내려가는 패턴입니다. 매도 세력이 강하다고 보고 향후 하락 기력이 세다고 보는 거죠.

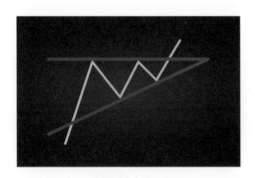

Triangle Ascending

Triangle Descending

finviz의 Screener 항목에서는 이 밖에도 Valuation, Financial, Performance 등 여러 주요 데이터들로 스크린하여 종목을 골라낼 수 있습니다. 앞에서는 기술적 분석 중 패턴 분석 용어를 알아봤는데, 여기서는 봉차트 용어를 알아보겠습니다. 아래 Screener에서 기술지표Technical 중 봉차트Candlestick에 포함되는 단어를 알아보도록 할게요.

① **Candlestick** 봉차트 = 캔들스틱

아래와 같은 차트 모양에 익숙하시죠? 봉차트는 일정시간 동안 주가흐름을 하나의 봉으로 나타낸 것입니다. 한 개의 봉(캔들)에 고점, 저점, 시가, 종가가 모두 그려지죠. 일정시간 동안 주가가 상승하다 끝났으면 초록색 혹은 흰색으로 그리고, 주가가 하락으로 끝났으면 빨간색 혹은 검은색으로 그립니다. 가운데 굵은 막대를 Body바디라고 하는데, 시가 혹은 종가로 Body의 상하단이 결정됩니다. Body에 위아래로 연결된 가느다란 막대는 일정 시간 동안의 고점과 저점을 표시합니다. 1700년대 일본에서 쌀가격을 기록하면서 만들어진, 아주 역사가 오래된 차트죠. 현재 시장에서 투자자 심리가 가격에 미치는 영향을 보여줍니다. Body가 길게 형성되면 투자자 심리가 강하다는 뜻입니다.

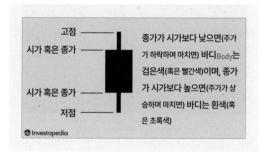

② **Long Lower Shadow** 긴 하단 그림자

Shadow는 Body의 위아래로 가느다랗게 나온 선이에요. 고점과 저점을 연결하는 선이죠. Long Lower Shadow는 이러한 선이 아래로 긴 것, 즉 저점이 시가 혹은 종가와 차이가 많이 나는 경우입니다.

③ **Long Upper Shadow** 긴 상단 그림자

고점이 시가 혹은 종가와 차이가 많이 나는 경우입니다.

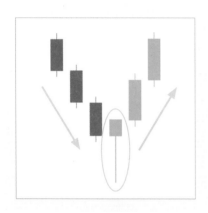

④ **Hammer** 해머

해머 모양으로 생긴 봉입니다. 주가가 시작가 Opening Price보다 매우 낮게 형성되었다가 일정 시간 동안 랠리하여 거의 시작가와 비슷하게 마감할 때 나타나는 모양이죠. 이 경우, 아래 Shadow의 길이가 Body보다 거의 두 배 가까이 길게 형성됩니다. 해머가 형성되면 주가가 상방 전환할 것으로 기대합니다.

⑤ **Inverted Hammer** 뒤집힌 해머

Hammer와 반대로 주가가 Opening Price보다 매우 높게 형성되어 있다가 하락하여 Closing Price종가가 Opening Price시작가와 비슷하게 형성된 경우입니다. 뒤집힌 해머 모양입니다. 해머와 마찬가지로 주가의 하락 추세일 때 형성되며, 이후 상승 전환을 기대합니다.

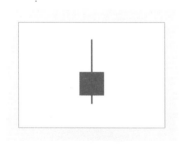

＊**Shooting Star** 슈팅스타(유성)

Inverted Hammer와 똑같은 모양이지만, 주가가 상승 추세일 때 형성되며 이후 주가의 하락전환을 예상합니다.

Shooting Star

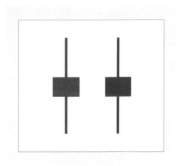

Spinning Top

*Spinning Top 스피닝탑

위아래로 긴 Shadow 사이에 Body가 중간에서 짧은 경우를 말해요. 향후 주가의 방향성이 잡히지 않는 경우죠. 위아래로 Shadow가 길다는 얘기는 매수자Buyer와 매도자Seller가 모두 강하게 가격을 형성했다는 뜻이고, Body가 짧은 것은 Opening Price와 Closing Price가 비슷한 것이니 가격 방향이 정해지지 않았다는 뜻입니다.

⑥ **Spinning Top White (Green)** 스피닝탑화이트(그린)

스피닝탑의 짧은 Body가 White(또는 Green), 즉 Closing Price가 Opening Price보다 약간 높은 경우입니다.

⑦ **Spinning Top Black (Red)** 스피닝탑블랙(레드)

스피닝탑의 짧은 Body가 Black(또는 Red), 즉 Closing Price가 Opening Price보다 약간 낮은 경우입니다.

⑧ **Doji** 도지

Open Price와 Close Price가 같아서 Body가 두께 없이 일직선으로 나타나는 경우죠. 보통 이 하나만으로 향후 주가의 방향성을 판단하기보다는 다른 기술지표와 함께 참고하여 판단합니다.

Long Legged Doji   **Gravestone Doji**   **Dragonfly Doji**

*Long Legged Doji 도지가 고점과 저점 중간에서 형성된 경우
   향후 주가가 횡보할 것이라 예상합니다.

⑨ **Dragonfly Doji** 도지가 고점 가까이 형성된 경우

이 경우 향후 주가가 상승할 것이라고 예상합니다.

⑩ **Gravestone Doji** 도지가 저점 가까이 형성된 경우

이 경우 향후 주가가 하락할 것이라고 예상합니다.

* **Marubozu** 마루보주

도지와 반대로 Shadow는 짧고 Body가 길게 형성된 모양입니다. 거의직사각형으로 보이죠.

⑪ **Marubozu White** 마루보주화이트

봉차트 전체가 White 혹은 Green으로 트레이딩 시간 동안 Buyer 압력이 크게 작용한 경우, 강세 패턴을 보여줍니다.

⑫ **Marubozu Black** 마루보주블랙

봉차트 전체가 Black 혹은 Red로 트레이딩 시간 동안 Seller 압력이 크게 작용한 경우, 약세 패턴을 보여줍니다.

inveseting.com에 나오는
기술적 분석 관련 단어

investing.com에서도 간단한 기술적 분석 지표를 볼 수 있습니다. investing.com에 접속하여 검색창에 S&P500을 검색해 보세요.

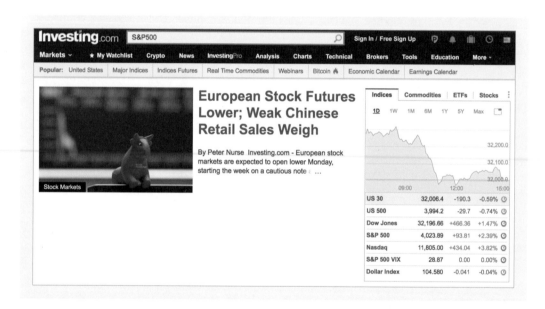

아래로 스크롤하여 Technical Summary를 클릭하세요.

Technical Summary »

Type	5 Min	15 Min	Hourly	Daily	Monthly
Moving Averages	Buy	Strong Buy	Buy	Sell	Buy
Technical Indicators	Strong Buy	Strong Buy	Strong Buy	Strong Sell	Strong Buy
Summary	Strong Buy	Strong Buy	Strong Buy	Strong Sell	Strong Buy

아래는 S&P500 지표의 기술지표 요약Summary인데, 시간별로 1min부터 Monthly까지 나옵니다. 분 단위로 짧게 단기 매매를 하실 분은 1Min, 5min, 15min 등 짧은 호흡의 기술지표를 보면 되고, 장기 투자를 하실 분은 Daily, Weekly, Monthly 등의 장기 호흡의 기술지표를 보면 됩니다.

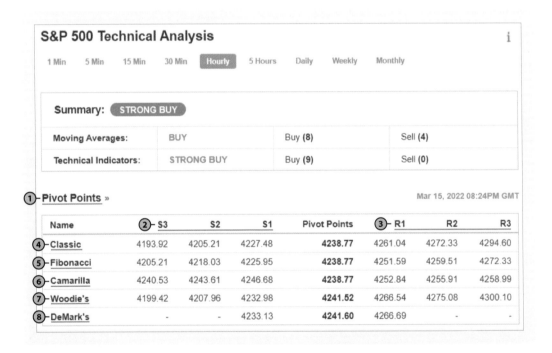

Pivot Points피벗 포인트, Moving Averages이동평균와 Technical Indicators기술지표에 따른 매수/매도 시그널이 제시되는데, 앞서 finviz.com 부분에서 설명되지 않은 부분 중심으로 살펴보겠습니다.

① **Pivot Points** 피벗 포인트

Pivot은 회전체의 중심축, 가장 중요한 '중심'을 말합니다. 기술분석에 많이 쓰이는 방법인데, Pivot Point는 장중 고점, 저점, 종가 평균입니다. 다음 날 가격이 전날 Pivot Point보다 높으면 강세, 낮으면 약세로 봅니다. 그뿐 아니라 Pivot Point를 바탕으로 저항점Resistance Level, 지지점Support Level을 계산할 수도 있습니다.

② **S1, S2, S3 (Support 1, 2, 3)** 지지점 1, 2, 3

③ **R1, R2, R3 (Resistance 1, 2, 3)** 저항점 1, 2, 3

④ **Classic** 클래식

앞서 설명한 Pivot Points를 가리킵니다.

아래 각 방식도 모두 각각의 피벗 포인트를 바탕으로 지지점과 저항점을 설정하고 그에 따라 트레이딩하는 방식입니다.

⑤ **Fibonacci** 피보나치 비율(61.8%, 38.2%, 23.6%…)에 기반한 기술 분석

피보나치 비율은 피보나치 배열이 일정한 비율을 따른다는 자연의 법칙이죠. 자연의 일부분인 사람이 트레이딩하는 것이니, 주가의 움직임도 피보나치 비율을 따를 것이라는 가정하에 만들어졌습니다. 지지점과 저항점이 일정 기간의 고점과 저점 사이 피보나치 비율을 바탕으로 만들어진다는 이론입니다.

⑥ **Camarilla** 카마릴라

카마릴라는 사전적 의미로 비밀 결사단을 뜻하는데, 기본 피벗 방법보다 좀 더 정교한 방법으로, 각 4개의 저항점, 지지점을 계산하여 매수/매도 포인트를 잡는 기술분석입니다. 가격의 평균회귀Mean Reversion 성질을 가정한 트레이딩 방법입니다.

피보나치와 카마릴라 방법이 기본Classic 피벗 포인트를 기준으로 한 것이라면 우디스Woodie's와 디마크Demark's의 피벗 포인트는 그와 다릅니다.

⑦ **Woodie's** 우디

역시 향후 트레이딩 추세방향을 예측하는 방법이며, 전날 고점과 저점, 오늘 시가Open Price의 두 배의 평균을 피벗 포인트로 잡습니다.

⑧ **Demark's** 디마크

앞선 피벗포인트들과 다르게 디마크의 피벗 포인트는 오늘의 시가가 전날의 종가Close Price와 비교하여 높은지 낮은지에 따라 정해집니다. 저항점과 지지점이 한 개씩만 정의됩니다.

아래로 스크롤하면 나오는 Technical indicators기술지표 부분입니다.

Technical Indicators »
Feb 23, 2022 09:56AM (GMT-5:00)

Name	Value	Action
⑨ RSI(14)	60.293	Buy
⑩ STOCH(9,6)	65.327	Buy
⑪ STOCHRSI(14)	0.000	Oversold
⑫ MACD(12,26)	370.910	Buy
⑬ ADX(14)	73.562	Overbought
⑭ Williams %R	-42.727	Buy
⑮ CCI(14)	43.0403	Neutral
⑯ ATR(14)	259.8929	Less Volatility
⑰ Highs/Lows(14)	0.0000	Neutral
⑱ Ultimate Oscillator	54.864	Buy
⑲ ROC	15.129	Buy
⑳ Bull/Bear Power(13)	319.7663	Buy

Buy: 7   Sell: 0   Neutral: 2
Summary:STRONG BUY

⑨ **RSI(14) (Relative Strength Index)**
상대강도지표

통상 RSI가 30보다 낮으면 매수시점, 70보다 높으면 매도시점으로 기준을 잡습니다.

⑩ **STOCH(9,6)** 스토캐스틱

스토캐스틱Stochastic 가격 이전에 모멘텀이 먼저 변한다는 것을 전제로 한 모멘텀 진동을 측정하는 지수입니다. (9)일간의 움직임 중 저점에서 현재까지의 가격 변화 비율을 (3)개 시점 이동평균을 계산합니다. 이 지수는 0에서 100까지 움직이며 숫자가 클수록 매수세가 강함을 나타냅니다.

⑪ **STOCHRSI(14)** 스토캐스틱 RSI

스토캐스틱 RSI는 STOCH와 RSI가 합쳐진 개념인데, 해당 자산의 과거 움직임을 바탕으로 더 민감하게 과매수 및 과매도 시점을 잡는 방법입니다. 80 이상이면 과매수, 20 이하이면 과매도 구간입니다.

⑫ **MACD(12,26) (Moving Average Convergence Divergence)** 이동평균수렴확산지수

RSI와 더불어 기술지표에서 많이 쓰입니다. 추세전환Trend Reversal을 가리키는 RSI 지표와 반대로 추세를 따르는Trend Following 지표입니다. 두 개 이동평균선(12-Period EMA, 26-Period EMA)의 차이가 MACD인데요, RSI처럼 매수·매도 시그널을 딱 정해서 알려주기 때문에 투자자들이 애용하는 지표입니다. 모멘텀 지표로서 주가의 강세나 약세가 지속될 것인지 약해질 것인지를 알려줍니다. 9-Period EMA of MACD를 Base Line기준선, Signal Line으로 잡고, 이것보다 MACD가 위에 있으면 Buy, 이것보다 MACD가 아래에 있으면 Sell 시그널로 봅니다.

＊EMA (Exponential Moving Average) 기하급수이동평균

단순이동평균Simple Moving Average과 다르게 가까운 시점의 주가 움직임에 가중치를 주어 이동평균을 계산하는 방법입니다. MACD를 계산할 때 쓰입니다.

⑬ **ADX(14) (Average Directional Movement Index)** 평균방향이동지표

가격의 평균 추세성을 알려주는 지수입니다. 0부터 100까지 움직이며, 25보다 낮으면 시장이 추세 없이 박스 내에서 움직임을 알려줍니다. 25에서 50은 어느 정도 추세가 있음을 뜻하고, 50에서 100 구간은 추세가 뚜렷해짐을 뜻합니다.

⑭ **Williams %R** 윌리엄 R

0에서 -100까지 움직입니다. 수치가 -20보다 높으면 과매수 구간, -80보다 낮으면 과매도 구간입니다. 가격이 반전할것이라는 것을 가리키는 것이 아니라 단순히 현재 가격이 최근 가격들에 비해 어디에 위치해 있는지를 알려줍니다.

⑮ **CCI(14) (Commodity Channel Index)** 커머디티 채널 지수

현재 가격이 과거 평균에 비해 얼마나 높은지 낮은지를 알려줍니다. 그 차이가 극도로 클 경우 가격의 전환을 기대하는 지표로 쓰입니다. 괄호 안의 숫자는 데이터포인트 개수로, 이 경우는 14일 기준입니다.

⑯ **ATR(14) (Average True Range)** 지난 (14)일간의 시장 변동성을 측정하는 지수

평균 최고점과 최저점 간 값이 얼마인지를 보여줍니다. 주가 대비 이 값이 클수록 변동성이 높음을 뜻합니다.

⑰ **Highs/Lows(14)** 지난 (14)일간 최고점과 최저점 간의 비율

역시 변동성을 나타내는 지표입니다.

⑱ **Ultimate Oscillator** 극치 진동자

세 개의 기간(7일, 14일, 21일) 동안 각 매수력이 얼마나 강한지를 가중평균하여 구합니다. RSI와 비슷한데, 이 값이 낮은 경우(30 이하) 과매도 구간이어서 매수신호로, 높은 경우(70이상) 과매수 구간이어서 매도신호로 봅니다.

⑲ **ROC (Price Rate of Change)** 가격변화율

현재 가격의 앞선 가격 대비 변화비율을 봅니다. 이 비율이 0보다 크면 주가가 상방추세, 작으면 하방추세에 있는 것입니다. 이 비율이 0 근처에 있으면 가격이 굳어지고 있다고 보면 됩니다.

⑳ **Bull/Bear Power(13)** 강세/약세 강도

매도 대비 매수 강도가 어느 정도인지 측정합니다.

세계 주요 주식시장 지수

다음은 시장에서 자주 다루는 전 세계 주요 주식시장의 지수World Indices 입니다(Indices는 Index의 복수입니다).

① **DJIA (Dow Jones Industrial Average)** 미국 주식시장에서 각 섹터를 대표하는 총 30개의 종목으로 이루어진 지수

가장 오래된 미국 주식시장의 지수 중 하나입니다.

② **S&P500** 미국 대형주 500종목으로 이루어진 지수

③ **NASDAQ 100 (Nasdaq Composite)** 나스닥 거래소에 상장된 비금융 대형주 100종목으로 이루어진 지수

위의 세 지수는 모두 대형주 지수이고, 아래 러셀 2000지수는 미국의 대표적인 소형주 지수입니다.

④ **RUSSELL 2000** 러셀 2000지수

미국 전체 주식시장의 97% 이상을 차지하는 RUSSELL 3000 지수 편입종목 중 시총이 작은 2000종목으로 이루어진 지수입니다. 총 시가총액은 러셀3000지수의 10% 정도 됩니다.

⑤ **NIKKEI 225** 일본 닛케이 지수

일본 주식시장의 대표종목 225개로 이루어진 지수입니다.

⑥ **FTSE 100 (Financial Times Stock Exchange 100 Index)** 영국 주식시장 대표 지수

대형주 100종목으로 이루어져 있습니다.

⑦ **CAC 40** 프랑스 주식시장 대표 지수

Euronext Paris 시장에 상장된 종목 중 대형주 100개 중 중요도가 높은 40개의 종목으로 이루어져 있습니다.

⑧ **Euronext 100.** Euronext 거래소에 상장된 기업 중 대표종목 100개로 이루어진 지수

대표적인 유럽 기업들이라고 볼 수 있습니다.

⑨ **BEL 20** 벨기에 주식시장 대표 지수

벨기에 브뤼셀 거래소에 상장된 종목 중 대표종목 20개로 이루어진 지수입니다.

⑩ **MOEX Russia Index (MICEX Index)** 루블화로 된 러시아 주식시장의 대표지수

국내 투자자들이 기준으로 삼는 지수이고, 외국인은 미달러로 된 RTS Index를 씁니다.

⑪ **Hang Seng Index** 홍콩 주식시장의 대표 종목 50개로 이루어진 지수

홍콩 전체 주식시장의 약 60%를 차지합니다.

⑫ **SSE Composite Index (Shanghai Stock Exchange)** 중국 상하이종합지수

중국 주식시장은 상하이와 심천의 두 곳으로 나뉘는데, 이 중 상하이 주식시장에 상장된 종목을 대표하는 지수이며 A주(국내 투자만 가능한 주식), B주(외국인투자 가능한 주식) 모두 포함합니다.

⑬ **Shenzhen Component Index (SZSE Component Index)** 중국 심천에 상장된 종목 중 시총이 큰 500개 종목으로 이루어진 지수

⑭ **EURO STOXX 50** 유럽시장에 상장된 대표종목 50개로 이루어진 지수

프랑스와 독일 종목이 70%로 가장 큰 비중을 차지합니다.

⑮ **DAX** 독일 프랑크푸르트 거래소에 상장된 블루칩 40개 종목으로 이루어진 지수

⑯ **VIX [CBOE (Chicago Board Options Exchange) Volatility Index]**

S&P500의 향후 변동성을 알려주는 지수

투자자 센티멘트를 알려주는 중요한 시장 위험 지표입니다. 이 지수가 높으면 투자자들의 공포 심리가 높고 시장이 받는 스트레스가 높다는 것을 의미합니다.

⑰ **STI Index (Straits Times Index)** 싱가포르 주식시장의 대표 지수

싱가포르에 상장된 30개의 대표종목으로 구성되어 있습니다.

⑱ **S&P/ASX 200** 호주 주식시장의 대표 종목 200개로 구성된 지수

호주 주식시장을 대표하는 지수입니다.

⑲ **All Ordinaries** 호주증권거래소에 상장된 종목 중 시총이 큰 500개의 종목으로 이루어진 지수

⑳ **S&P BSE SENSEX** 인도 뭄바이 주식시장에 상장된 대표종목 30개로 이루어진 지수

㉑ **Jakarta Composite Index** 인도네시아 자카르타 주식시장의 대표지수

㉒ **FTSE Bursa Malaysia KLCI** 말레이시아 주식시장 대표종목 30개로 이루어진 지수

㉓ **S&P/NZX 50 Index** 뉴질랜드 주식시장 대표종목 50개로 이루어진 지수

㉔ **KOSPI (The Korea Composite Stock Price Index) 200**

한국 주식시장을 대표하는 200개 종목으로 이루어진 지수

㉕ **S&P/TSX Composite Index** 캐나다 주식시장의 대표지수

Chapter 7

경제지표
investing.com

▶ 주주지혜님의 설명 영상을
참고하세요.

재테크 관련 뉴스를 접하다 보면 각종 경제지표를 접하게 됩니다. 경제지표는 각 국가의 중앙은행이나 세계 경제 기구에서 발표하는데, 나라 경제에 중요한 영향을 미치는 지표 발표는 시장에 충격을 줍니다. 여기서는 investing.com 웹사이트에 정리되어 있는 미국 및 중국, 유럽의 주요 경제지표를 중심으로 살펴볼게요.

investing.com에 접속하여 상단의 Tools를 클릭한 후 Economic Calendar를 선택하면 세계 주요 경제지표 발표 결과를 볼 수 있습니다.

주요 경제부처

구체적인 경제지표를 보기에 앞서, 이러한 경제지표를 발표하는 주요 경제부처 이름을 알아볼게요. 뉴스에 많이 나오는 이름들이니 알아두면 뉴스 이해에도 도움이 될 것입니다.

① **FOMC (Federal Open Market Committee)** 연방공개시장위원회

연방준비제도Fed 내의 위원회로, 12명으로 구성되어 있으며 미국 법에 따라 국가의 공개시장 운영을 감독합니다. 금리 및 미국 통화 공급에 관한 주요 결정을 내립니다. 뉴스에 자주 나오죠? 현재 의장은 제롬 파월Jerome Powell입니다.

② **Fed (Federal Reserve System)** 미국의 중앙은행제도

고용, 물가, 금리 안정이라는 세 가지 목표 아래 운영됩니다. 우리나라의 한국은행과 비슷합니다.

③ **US Treasury (United States Department of the Treasury)** 미국 재무부

국채 발행, 조세, 환, 정부 회계, 공공부채 등 미국 연방정부의 모든 재무를 관리합니다. 총책임자인 재무장관The Secretary of the Treasury - 현 재닛 옐런Janet Yellen - 은 국제 통화 및 금융 정책 등을 책임지고 관리합니다.

④ **ECB (European Central Bank)** 유럽중앙은행

유로존 19개국으로 이루어진 유럽중앙은행으로 유로존의 화폐 정책을 담당합니다.

⑤ **EIA (Energy Information Administration)** 미국 에너지 정보국

미국 에너지부US Department of Energy의 일부로서 석탄Coal, 석유Petroleum, 천연가스Natural Gas, 전기Electric, 재생Renewable 및 핵Nuclear에너지에 대한 정보를 수집, 분석 및 보급하여 친환경의 효율적인 에너지 정책을 수립합니다.

⑥ **PBoC (People's Bank of China)** 중국 중앙은행

화폐정책과 금융기관규제를 목적으로 합니다.

⑦ **BoJ (Bank of Japan)** 일본 중앙은행

⑧ **BoE (Bank of England)** 영국 중앙은행

주요 경제지표

향후 국가 경제가 어떨 것인가는 장기적인 투자방향을 결정하는 데 있어서 투자자에게 중요한 사항입니다. 따라서 투자자들은 여러 경제지표에 민감하게 반응합니다. investing.com에서 투자 관련성이 높은 것으로 알려진 경제지표를 중심으로 함께 알아볼까요? 지표 혹은 지수는 크게 금리 관련, 고용 관련, 생산 및 소비 관련으로 나눌 수 있고, 지표는 주간, 월간, 분기, 연간 혹은 비정기적으로 발표됩니다.

1 | Monetary Policy 통화정책 관련

① **FOMC Statement** 연방공개시장위원회 성명

② **FED Interest Rate Decision** 미 연준 이자율 결정 및 발표

③ **FOMC Economic Projections** 연방공개시장위원회에서 발표하는 경제 전망

④ **FOMC Meeting Minute** FOMC 회의록

⑤ **Beige Book** 베이지북

미국 연방준비제도이사회FRB: Federal Reserve Board가 1년에 8회 발간하는 Summary of Commentary on Current Economic Conditions현 경제 상황에 대한 의견 요약입니다. FOMC 회의에 앞서 발간되고, 현재 경제 상황에 대한 기업가, 경제전문가, 투자자 등의 의견을 담고 있습니다. 커버페이지가 베이지Beige색이라 베이지북으로 불립니다.

⑥ **FOMC Press Conference** 연방공개시장위원회 기자회견

⑦ **US President Biden Speaks** 미국 대통령 조 바이든 발표

⑧ **EUR – Deposit Facility Rate** EU 예금금리

6주마다 ECB_{유럽중앙은행}에서 발표하는 세 가지 금리 중 하나입니다. 시중은행의 중앙은행에 대한 금리입니다.

⑨ **ECB Marginal Lending Facility** ECB로부터 빌린 돈에 대한 이자율

⑩ **ECB Monetary Policy Statement** ECB 화폐정책 발표

⑪ **ECB Interest Rate Decision** ECB 이자율 결정(발표)

⑫ **EU Leaders Summit** EU 정상회담

⑬ **PBoC Loan Prime Rate** 중국중앙은행 대출금리

2 | Employment Figures 고용지표 관련

① **Employment Figures** 고용지표

고용시장과 관련한 자료들입니다. 고용시장은 자본시장 경제에서 국가가 가장 중요하게 신경 써야 하는 것이지요.

② **Employment Rate** 고용률

고용자는 경제에서 생산뿐 아니라 소비의 주체도 되기 때문에 고용률을 일정하게 유지하는 것은 국가의 중요한 정책과제입니다.

③ **Nonfarm Payrolls** 농부를 제외한 노동자 수

미국 고용자 수를 대표하는 지표입니다. 농부뿐 아니라 공무원, 비영리노동자 등도 카운트에서 제외됩니다.

④ **Unemployment Rate** 실업률

⑤ **Initial Jobless Claims** 첫 실직급여 신청자 수

주간 단위로 발표되는 지표인데요, 미국의 고용현황을 가장 빠르게 알 수 있는 지표입니다. Jobless Claims실직급여 신청에서는 Initial첫 Jobless Claims 그리고 Continuing지속 Jobless Claims 의 두 수치가 발표됩니다.

⑥ **JOLTS (Job Openings Labor Turnover Surveys) Job Openings**

미국 노동부Department of Labor 산하 노동 통계국The US Bureau of Labor Statistics에서 발표하는 새 일자리 수

Job Openings는 '열린 일자리, 구인'을 뜻합니다. 매달 일자리가 얼마나 창출되고 있는지 역시 중요한 경제지표죠.

⑦ **ADP Nonfarm Employment Change** ADP라는 회사에서 발표하는 비농업 고용 변화 자료

ADPAutomatic Data Processing는 미국 전체 사기업 고용자의 20% 정도의 데이터를 확보하고 있는 회사로, 미국 노동부에서 발표하는 자료와 더불어 고용현황을 알 수 있는 대표적인 자료입니다.

3 | Inflation 인플레이션 관련

① **Inflation** (인플레이션) 물가상승

정부가 국가 경제를 안정화하기 위해 가장 크게 신경 쓰는 두 가지는 인플레이션과 고용입니다. 인플레이션을 측정하는 지수에는 여러 가지가 있습니다.

② **CPI (Consumer Price Index)** 소비자물가지수

인플레이션 지표로 가장 많이 쓰이는 지수입니다. 거의 매일 뉴스에 나오는 지수죠. 매달 각국마다 소비자 가격지수를 인플레이션의 기준으로 삼아 발표합니다. 소비자가격지수가 전년 동월 대비 혹은 전년 동기 대비 혹은 전 분기 대비 어떻게 변했는지를 인플레이션의 기준으로 삼습니다. 원자재, 음식 등 소비자 물가에 영향을 미치는 상품들을 모아 그들의 가격 변화 평균으로 지수를 산출합니다.

③ **Core CPI** 핵심 CPI

소비자 물가 지수를 측정하는 바스켓에서 변동성이 심한 요소들을 제외한 인플레이션입니다.

④ **PPI – Producer Price Index** 생산자물가지수

WPIWholesale Price Index라고도 합니다. 국내 제조생산물품 가격 변화를 표시한 지수입니다. CPI
와 함께 양대 물가지수 중 하나지만, 최근에는 소비자 전체 소비에서 제조품이 차지하는 비중이
줄어들면서 그 실용성이 많이 떨어지고 있습니다.

4 | Economic Leading Indicator 경기선행지수 관련

이렇게 경기를 선행하는 지수로 이름 붙여 널리 알려진 것 이외에도, 투자자들이 경기를 선행하는 것
으로 여겨 높은 관심을 기울이는 지수들이 있습니다.

① **Composite Leading Indicator** 경기선행지수

OECD에서 발표하는 지수 중 단연 가장 잘 알려진 지수인 경기 선행지수입니다. 매달 발표하는
OECD 회원국들의 경기선행지수로, 경기 순환의 변곡점을 약간 빠르게 알려주는 시그널로 고
안된 지수입니다.

② **ISM Manufacturing PMI** *ISM 제조업지수

미국 경기를 나타내는 대표적인 월간 지수입니다. 미국 내 공장의 주문량을 측정해서 제품의 수
요 정도를 파악합니다. 50 이상이면 전달 대비 경제활동 확장, 50 미만이면 경제활동 수축으로
봅니다. 각 회사의 공급체인Supply Chain 담당자에 대한 설문조사를 바탕으로 이루어진 지수라 경
기를 빠르게 반영합니다. 역시 기관투자자들이 반드시 체크하는 지수입니다.

*ISM (Institute for Supply Management) 미국 공급관리자협회
세계에서 가장 규모가 크고 오래된 공급관리연맹입니다.

③ **ISM Non-Manufacturing PMI** ISM 비제조업지수

제조업 이외 산업 지수입니다.

④ **Philadelphia Fed Manufacturing Index** 필라델피아 연준 제조업지수

역시 설문조사를 바탕으로 한 제조업 지수입니다. 경기를 빠르게 반영합니다.

⑤ **Core Durable Goods Orders** 핵심 내구재 주문

내구재주문Durable Goods Orders에서 가격 변동성이 큰 운송장비를 제외한 것입니다. 내구재는 컴퓨터, 기계, 탱크 등 수년 이상 사용가능한 것들로서, 이들에 대한 주문이 증가한다면 향후 중장기 비즈니스 상황을 좋게 본다는 것이겠죠.

⑥ **Industrial Production** 산업생산지수

국가의 제조업Manufacturing 기반 산업의 생산Output 경기를 보여주는 지표인데, 중앙은행Fed: Federal Reserve이 공장 설비가동률Capacity Utilization과 함께 매달 발표합니다.

5 | Economic Sentiment Index 경제심리지수 관련

① **Business Confidence Index** 기업신뢰지수

기업인들에 대한 설문조사를 통해 향후 경기를 어떻게 보는지, 그들의 의견을 종합해 만든 지수입니다. 향후 생산, 주문, 재고 등에 관한 그들의 의견을 종합하여 향후 경기활동의 변곡점을 예측합니다. 이 지수가 100 이상이면 기업의 향후 전망이 밝고, 100 이하면 향후 전망이 어둡다고 볼 수 있습니다.

② **Consumer Confidence Index** 소비자신뢰지수

가계의 소비지출과 저축에 대한 향후 설문에 대한 의견을 종합하여 만든 지수입니다. 100 이상이면 가계 소비자들의 향후 12개월간의 소비 전망이 밝고, 100 이하면 향후 소비 전망이 어둡다고 볼 수 있습니다.

③ **CB (the Conference Board) Consumer Confidence Index** CB 소비자 신뢰지수

CB는 미국의 대표적인 비영리 경제 연구기관으로서, 경제 순환지수 등 여러 지수를 발표합니다. 소비자 신뢰지수는 소비자가 경제를 어느 정도로 낙관적으로 보는지를 측정합니다.

④ **Core Retail Sales** 전월 대비 핵심소매판매 증감률

Retails Sales(소매판매)가 모든 소비지출을 포함한다면, Core Retail Sales는 그중에서 변동성이 큰 요소들(자동차, 가솔린, 건축자재 등)을 뺀 것으로 계산합니다.

6 | **Building Activities** 건설경기 **관련**

① **Building Permits** 건축허가

합법적으로 허가된 신축 혹은 기존 건물 건축 인허가 수입니다. 미국 인구 조사국에서 매달 발표합니다. 미국의 건설경기를 알려주는 지표 중 하나입니다.

② **Pending Home Sales** 보류 중인 주택매매

계약은 되었으나 아직 거래가 마무리되지 않은 주택 판매 수를 말합니다. 통상 계약부터 거래마무리까지 두 달가량 시간이 걸리기에 Pending Home Sales는 미래 Home Sales의 선행지수 Leading Indicator로 여겨집니다. 주택 경기를 파악하는 가장 정확하며 중요한 지수입니다.

③ **Home Sales** 주택구매지수

주택구매는 대부분 사람들의 지출 중 가장 큰 부분을 차지하죠. 따라서 이 자료는 미국민들의 소비 심리를 보여주는 중요한 수치입니다. 이 수치가 크게 하락하면 미국인들의 소비심리가 얼어붙은 것으로 보면 됩니다. 미국 상무부Department of Commerce에서는 매달 새 주택구매New Residential Sales 및 기존 주택구매Existing Home Sales 자료를 발표합니다.

7 | **Energy** 에너지 **관련**

에너지는 생산의 근간이 되므로, 에너지 가격과 수급은 시장경제와 아주 밀접한 관련이 있습니다.

① **Crude Oil Inventories** 원유재고

여러 재생 에너지 산업이 성장하고 있지만, 여전히 에너지 생산의 가장 주요한 자원은 석유입니다. 따라서 원유재고는 시장에 무척 중요한 정보입니다.

② **EIA Short Term Energy Outlook** 미국 에너지 정보국에서 내놓는 에너지 전망

8 | GDP 관련

GDP는 경기 후행 지표이기 때문에 발표되기 전에 이미 시장에 반영되었다고 봅니다. 따라서 투자자들이 민감하게 반응하지는 않습니다.

① **GDP (Gross Domestic Product)** 국내총생산

일정 기간 동안 그 국가의 영역 내에서 가계, 기업, 정부 등 모든 경제주체가 생산한 재화 및 서비스의 부가가치를 시장가격으로 평가하여 합산한 것입니다. 각국의 경제규모를 알려주지요. 과거에는 국가를 기준으로 한 GNP_{Gross National Product}가 더 많이 쓰였으나, 글로벌화로 인해 경제생산이 국가 영역을 넘어 이루어지는 경우가 많아지면서, 국가의 영역 내_{Domestic}를 기준으로 하는 GDP가 지금은 보편적으로 쓰이고 있습니다. GDP는 분기별로 발표되며, 지난 분기 혹은 전년 동기 대비 변화를 %로 알려줍니다.

② **Balance of Payment** 국제수지

분기 혹은 연간으로 한 국가가 다른 모든 나라와 행한 경제적 거래를 기록한 것입니다. 수출입뿐 아니라 자본거래, 국가 간 원조 등도 포함됩니다. 쉽게 말해 국가의 재무제표라고 보면 되는데요, 크게 Current Account와 Capital Account로 이루어져 있습니다.

③ **Current Account** 경상계정

무역수지(국가의 수출입Imports and Exports 수지)와 이전수지(무역외수지, 모국 송금Remittance, 무상 경제 원조 Foreign Aid 등)로 나뉩니다.

④ **Capital Account** 자본계정

국가의 자금 흐름을 기록하는 회계계정입니다. 국제 수지표에서 자본의 유입과 유출을 계상하는 계정인데, 중앙은행Central Bank의 준비금Reserve 및 각종 금융상품Financial Instrument의 국가 간 유출입을 기록합니다.

⑤ **Consumer Spending** 소비자지출

소비자지출은 미국 GDP 전체의 2/3를 차지하며, 미국 소비의 건전성을 측정합니다. 미국 상무부가 개인 소득과 지출에 관한 데이터를 매달 발표합니다.

9 | China Economy 중국 경제 관련

① China Export / Import 중국 수출/수입

중국은 세계 경제의 상당부분에 영향을 미치기에 대외무역지표는 중요하게 봐야 할 지표입니다.

② China Trade Balance 중국 무역수지

일정 기간 중 중국의 총수입과 총수출의 차이를 나타냅니다.

③ China Fixed Asset Investment 고정자산투자

중국은 대표적인 신흥국이면서 전체 경제 규모가 세계에서 미국과 함께 가장 큰 나라죠. 이러한 중국이 고정자산에 얼마나 투자를 하는지는 중국을 비롯해 세계 경제의 방향을 알려주는 중요한 자료입니다.

④ China Industrial Production 중국 산업생산

산업 생산은 경제의 산업 부문(제조업, 광업, 유틸리티 등) 생산량을 측정합니다. 이들 부문은 금리와 소비자 수요에 대한 민감도가 높기 때문에 향후 경제 성장률을 선행하는 지표 역할을 합니다.

⑤ Caixin Manufacturing PMI (Purchasing Managers Index) 차이신 제조업 지수

중국의 경제를 파악하는 설문조사를 바탕으로 하며, 50 이상이면 경기확장, 50 미만이면 경기 축소를 가리킵니다.

A

D

G

H

I

J

Q

S

U

V

독자의 **1초**를 아껴주는 정성!

—

세상이 아무리 바쁘게 돌아가더라도

책까지 아무렇게나 빨리 만들 수는 없습니다.

인스턴트 식품 같은 책보다는

오래 익힌 술이나 장맛이 밴 책을 만들고 싶습니다.

길벗이지톡은 독자여러분이 우리를 믿는다고 할 때 가장 행복합니다.

나를 아껴주는 어학도서, 길벗이지톡의 책을 만나보십시오.

독자의 1초를 아껴주는 정성을 만나보십시오.

미리 책을 읽고 따라해본 2만 베타테스터 여러분과 무따기 체험단, 길벗스쿨 엄마 2% 기획단,
시나공 평가단, 토익 배틀, 대학생 기자단까지!
믿을 수 있는 책을 함께 만들어주신 독자 여러분께 감사드립니다.

(주)도서출판 길벗 www.gilbut.co.kr
길벗 이지톡 www.gilbut.co.kr
길벗 스쿨 www.gilbutschool.co.kr